A PRISÃO

FOLHA
EXPLICA

A PRISÃO

LUÍS FRANCISCO CARVALHO FILHO

PUBLIFOLHA

Editor
Arthur Nestrovski

Assistência editorial
Paulo Nascimento Verano (2002)
Marcelo Ferlin Assami (2002)
Rodrigo Villela (2008)

Capa
Publifolha, sobre foto de presos dominados no Centro de Detenção Provisória do Belém, São Paulo, SP – Folha Imagem/Juca Varella, 18/2/2002

Projeto gráfico da coleção
Silvia Ribeiro

Produção gráfica
Soraia Pauli Scarpa

Assistência de produção gráfica
Mariana Metidieri (2008)

Revisão
Mário Vilela

Editoração eletrônica
Picture studio & fotolito

Dados internacionais de Catalogação na Publicação (CIP)
(Câmara Brasileira do Livro, SP, Brasil)

Carvalho Filho, Luís Francisco
A prisão / Luís Francisco Carvalho Filho. – São Paulo : Publifolha, 2002. – (Folha explica)

Bibliografia.
ISBN 978-85-7402-350-2

1. Prisões 2. Prisões – Brasil 3. Prisões – História
I. Título. II. Série.

02-0640 CDD-365

Índices para catálogo sistemático:
1. Prisões : Problemas sociais 365

1ª reimpressão

PUBLIFOLHA
Divisão de Publicações do Grupo Folha

Al. Barão de Limeira, 401, 6° andar CEP 01202-900, São Paulo, SP
Tel.: (11) 3224-2186/2187/2197
www.publifolha.com.br

SUMÁRIO

Para José Carlos Dias

INTRODUÇÃO: DOIS MUNDOS

A prisão priva o homem de elementos
imprescindíveis à sua existência,
como a luz, o ar e o movimento.

Hildebrando Thomaz de Carvalho,
Hygiene das Escolas e das Prisões, *1917*

CRUELDADE E DESCONTROLE

Em 18 de fevereiro de 2001, o Brasil seria surpreendido por uma super-rebelião de presos. Sob a regência da organização criminosa Primeiro Comando da Capital (PCC), que se notabilizara pela prática de atos de violência e fugas sensacionais, 28 mil detentos de 29 unidades prisionais do estado de São Paulo, em 19 cidades, amotinaram-se ao mesmo tempo. A Secretaria de Assuntos Penitenciários só readquiriu o controle da situação 27 horas depois e contabilizou 16 mortos.

Ocorrência de tal magnitude não se explica apenas pelo atrevimento do chamado crime organizado ou pela posse de telefones celulares, contrabandeados para dentro dos presídios com a conivência do sistema de segurança. Um caldo de revolta e desespero anima os movimentos da massa prisioneira do país.

Dias depois do levante, um parlamentar ouviria ameaças de retaliação caso o governo estadual se recusasse a negociar uma lista de reivindicações, da qual apenas um item se relacionava diretamente com a organização: o cancelamento das transferências feitas para desarticular o PCC. Os outros itens da pauta diziam respeito ao tratamento que todos recebem: fim da tortura, punição de agentes penitenciários por abuso de poder e espancamentos, melhoria da assistência judiciária gratuita e fim das revistas vexatórias das visitas.[1]

Dois episódios nada explosivos, de impacto bastante reduzido, capazes de afetar apenas o cotidiano de seus protagonistas, também revelam o estado de nossas prisões.

Em 16 de outubro de 2001, Augusto Sátiro de Jesus, 45, funcionário de uma rede de restaurantes havia 18 meses, foi detido em flagrante delito com uma coxa e uma sobrecoxa de frango, com prazo de validade vencido, no interior de sua mochila. Sem dinheiro para comprar comida, segundo sua versão, correu o risco de passar pelo crivo da vigilância dos patrões com o produto do "crime", avaliado pela polícia em R$ 0,90. Preso por furto qualificado (por ter abusado da confiança do empregador), sem assistência de advogado, ele permaneceria 16 dias numa cela de 12 metros quadrados com outros 25 homens, num dos muitos distritos policiais da cidade de São Paulo.[2]

Cerca de um ano antes, duas jovens advogadas paulistanas foram procuradas por um homem negro, acompanhado da mulher e de uma criança de colo, em situação jurídica inusitada, que poderia fazer parte da narrativa de Lewis Carroll em *Aventuras de Alice no País das Maravilhas*. Condenado à prisão, ele recebera autorização para passar o fim de semana com a famí-

---

[1] *Folha de S.Paulo*, 21/2/2001, p. C3, "Líderes do PCC Ameaçam Novas Rebeliões".

[2] *Folha de S.Paulo*, 2/11/2001, p. C3, "Homem Fica 16 Dias Preso por Furtar Comida".

lia. Por motivo de doença, apresentara-se à portaria da penitenciária com atraso. Foi simplesmente impedido de entrar... O funcionário da recepção fechou arbitrariamente as portas da prisão para ele, deixando-o do lado de fora – "livre" e perplexo, ameaçado de ser considerado fugitivo e perder o prontuário de bom comportamento. As advogadas, acostumadas a formular pedidos de liberdade, viram-se na contingência de requerer sua prisão, o que, evidentemente, logo se deferiu. Dias depois, receberiam um telefonema de agradecimento, quando também souberam que o preso, como retaliação, fora punido com isolamento.

As prisões brasileiras são insalubres, corrompidas, superlotadas, esquecidas. A maioria de seus habitantes não exerce o direito de defesa. Milhares de condenados cumprem penas em locais impróprios.

O *Relatório* da caravana da Comissão de Direitos Humanos da Câmara dos Deputados por diversos presídios do país, divulgado em setembro de 2000, aponta um quadro "fora da lei", trágico e vergonhoso, que invariavelmente atinge gente pobre, jovem e semi-alfabetizada.

No Ceará, presos se alimentavam com as mãos, e a comida, "estragada", era distribuída em sacos plásticos – sacos plásticos que, em Pernambuco, serviam para que detentos isolados pudessem defecar.

No Rio de Janeiro, em Bangu I, penitenciária de segurança máxima, verificou-se que não havia oportunidade de trabalho e de estudo porque trabalho e estudo ameaçavam a segurança.

No Paraná, os deputados se defrontaram com um preso recolhido em cela de isolamento (utilizada para punição disciplinar) havia sete anos, período que passou sem ter recebido visitas nem tomado banho de sol.

No Rio Grande do Sul, na Penitenciária do Jacuí, com 1.241 detentos, apesar de progressos, havia a assistência jurídica de um único procurador do estado e, em dias de visita, o "desnudamento" dos familiares dos presos, com "flexões e arregaçamento da vagina e do ânus".

Há uma mistura estrategicamente inconcebível de pessoas perigosas e não-perigosas. Há tuberculosos, aidéticos e esquizofrênicos sem atendimento.[3] O cheiro e o ar que dominam as carceragens do Brasil são indescritíveis, e não se imagina que nelas é possível viver.

Quem ler os trabalhos resultantes das incursões de Percival de Souza (nos anos 70) e Drauzio Varella (nos anos 90),[4] cada um a seu modo, à Casa de Detenção de São Paulo, no Carandiru, o maior presídio do país, verá que, durante décadas, milhares e milhares de homens foram remetidos para um mundo assustador, onde nada é capaz de lembrar propósitos de reabilitação.

Os motins se espalham. Em 2 de janeiro de 2002, rebelião no presídio de segurança máxima Urso Branco, em Porto Velho, Rondônia, deixaria um saldo de pelo menos 27 mortos, os corpos espalhados pelas celas, muitos deles mutilados, resultantes do confronto de grupos rivais. Os cadáveres eram retirados por trator tipo retroescavadeira, que os recolhia do interior do presídio e os jogava num caminhão, que os levaria para o IML. O presídio tinha capacidade para 360 homens e abrigava cerca de 900. Em dezembro de 2001, a arquidiocese local já alertara para a iminência de uma "carnificina".[5]

---

[3] *O Estado de S. Paulo*, 24/11/2001, p. C10, "Juiz Quer Indulto Para Presos em Fase Terminal". *Jornal do Advogado* (OAB/SP), novembro 2001, p. 9, "Doenças Graves e Contagiosas nas Carceragens".

[4] Todas as referências a livros e documentos podem ser encontradas na Bibliografia final. Apenas artigos de periódicos e sites serão indicados nas notas de rodapé.

[5] *O Globo*, 4/1/2002, p. 8, "Governo Vai Apurar Rebelião em Rondônia". Na véspera, a imprensa chegou a noticiar a morte de 46 detentos.

Curiosamente, o próprio diretor do presídio, afastado do cargo dois dias depois da mortandade, fora condenado em 2001 a cumprir pena de dois anos e um mês de prisão por prevaricação e falsidade, acusado de ter explorado o trabalho de presos na reforma de sua residência particular.[6]

Do lado de fora dos muros, os índices de criminalidade violenta aumentam, os sentimentos de impunidade e insegurança se generalizam. As leis e os magistrados tendem a ser cada vez mais severos. O sistema judiciário é profundamente desigual. A exclusão econômica aumenta ainda mais a freguesia das prisões.

O número de presos cresce em ritmo acelerado. O censo penitenciário de 1995 apontava a existência de 148.760 presos no Brasil: 95,4 para cada grupo de 100 mil habitantes (critério internacional para o cálculo da taxa de encarceramento nos diversos países). O censo de 1997 detectava a prisão de 170.602 homens e mulheres, com taxa de encarceramento de 108,6 e déficit de 96.010 vagas.

Em abril de 2001, já havia 223.220 presos no Brasil, o que representava 142,1 detentos para cada grupo de 100 mil habitantes. A maior concentração estava em São Paulo, com 94.737 presos e uma proporção sensivelmente mais alta: 277,7 presos para cada grupo de 100 mil habitantes.[7]

Em outubro de 2001, existia déficit de pelo menos 26 mil vagas no complexo formado pelas penitenciárias e pelas carceragens das delegacias de polícia de São Paulo. O poder público se esforça, mas lembra

---

[6] O *Globo*, 5/1/2002, p. 5, "Diretor de Presídio Já Tinha Sido Condenado".

[7] Ministério da Justiça, Departamento Penitenciário Nacional (www.mj.gov.br/snj/depen/sipen/).

a fábula do homem que tenta evitar o vazamento da represa com o dedo. Como admitem as autoridades, só para dar conta do crescimento da população presa mensalmente (de 800 a mil réus), seria necessário construir um novo presídio a cada trinta dias.[8] E presídios custam muito caro.

As cifras não contabilizam os infratores menores de 18 anos, que tecnicamente não estão presos, mas "internados", e não cumprem pena, mas recebem "medida socioeducativa". No primeiro semestre do ano 2000, foram aplicadas mais de 99 mil medidas socioeducativas contra adolescentes em São Paulo; entre elas, contavam-se 54.871 casos de liberdade assistida, 21.729 casos de prestação de serviço à comunidade e 17.088 internações compulsórias.[9] São os presos de amanhã.

A imagem do país no exterior se deteriora: entidades internacionais de defesa dos direitos humanos têm sistematicamente condenado as terríveis condições de vida dos presídios brasileiros. O sistema é visto como um rastilho de pólvora e fator de incentivo à violência. Não só pela desumanidade medieval que patrocina, mas pela absoluta ausência de interesse político em relação ao que acontece em seu interior.

EXCLUSÃO E NEGÓCIO

Nossos números são aparentemente modestos se o parâmetro de comparação é o sistema prisional dos

---

[8] *Folha de S.Paulo*, 16/10/2001, p. C3, "Seria Necessário Construir um Presídio por Mês".
[9] Ministério da Justiça, Secretaria de Estado dos Direitos Humanos (www.mj.gov.br/sedh/dca/mse1sem2000.htm).

Estados Unidos da América, que, em 30 de junho do ano 2000, abrigava 1.931.859 presos.[10]

É o equivalente à população de Brasília ou à soma das populações inteiras de cidades prósperas do estado de São Paulo, como Campinas, São José dos Campos e Santos. São 702 detentos para cada grupo de 100 mil habitantes – a mais alta taxa de encarceramento do planeta. Se a base de crescimento for mantida, estima-se que em 31 de dezembro de 2005 haverá mais de 2,2 milhões de presos nos EUA.

Além da população encarcerada, uma quantidade assombrosa de homens e mulheres, mais de 4,5 milhões, estava sob a vigilância do sistema punitivo norte-americano (ameaçados de prisão no caso de não-cumprimento das exigências impostas pela Justiça), em regime de suspensão da pena privativa de liberdade (*probation*) ou em liberdade condicional (*parole*) em dezembro de 2000. A soma de pessoas presas ou vigiadas correspondia a 3,1% da população residente adulta dos EUA (uma em cada 32 pessoas nessa faixa etária).

O mais rico país do mundo não pratica em seus presídios a crueldade crua que invariavelmente se encontra nos cárceres do Terceiro Mundo, mas o gigantismo do sistema faz com que a violência sexual contra prisioneiros, por exemplo, torne-se motivo de grande preocupação.

Ao contrário de outros países, que ainda não se voltaram para o problema, como se a hipótese do "estupro"[11] fosse inerente à perda da liberdade, há nos EUA

---

[10] Allen J. Beck e Jennifer C. Karberg, *Prison and Jail Inmates at Midyear 2000*. Washington: Bureau of Justice Statistics Bulletin, U.S. Department of Justice, March 2001 (www.ojp.usdoj.gov/bjs/).

[11] No Brasil, a violência sexual contra homens é definida não como estupro, mas como "atentado violento ao pudor".

uma saudável mobilização contra a violência sexual (*rape*), prática entranhada no sistema, inclusive como mecanismo de punição informal de presos. Por seu impacto psicológico devastador, a violência sexual é apontada como um dos fatores determinantes da reincidência criminal e como uma das principais causas de suicídio, que, por sua vez, é uma das principais causas de óbito entre encarcerados. Em outubro de 2001, uma organização não-governamental exclusivamente voltada para a questão (a Stop Prison Rape) estimava em cerca de 364 mil o número de atos de violência sexual praticados por ano nas prisões dos EUA. Atingem, sobretudo, jovens e presos não-violentos.[12]

Os números expõem, também, o caráter racista do sistema. Apenas cerca de 6% da população norte-americana é composta de homens negros e adultos, mas quase a metade dos presos são homens negros e adultos... A taxa de encarceramento de negros em 1994 era em média 7,66 vezes superior à taxa de encarceramento de brancos. Em Minnesota, havia 1.275 presos negros e 56 presos brancos por grupo de 100 mil habitantes dos respectivos universos populacionais. Em Nova York, 1.138 negros e 202 brancos. No Texas, 1.943 negros e 178 brancos (Stern, p. 50 e 119).

A quantidade crescente de presos ainda indica um cenário de exclusão política, sem paralelo em países democráticos. Segundo cálculo de 1998,[13] cerca de 3,9 milhões de pessoas adultas estariam sem direito político de votar nos EUA em virtude dos efeitos colaterais da condenação. Além dos efetivamente en-

---

[12] Stop Prison Rape (www.spr.org).

[13] The Sentencing Project e Human Rights Watch, *Losing the Vote – the Impact of Felony Disenfranchisement Laws in the United States* (www.hrw.org/reports98/vote).

carcerados, diversos estados impedem o voto de condenados em regime de *probation* ou *parole*. Outros inviabilizam o direito de voto até de condenados que já cumpriram suas penas. O quadro atinge de forma marcante a minoria negra: cerca de 1,4 milhão de indivíduos (13% do total). Em dez estados, a proporção era de um em cada cinco negros sem direito de voto.

A sensação de insegurança e a queda dos índices de criminalidade têm estimulado o movimento encarcerador. Em 1980, eram 1.842.100 pessoas presas ou vigiadas (*probation* e *parole*); no final do ano 2000, eram 6.467.200.[14] O custo anual do sistema ultrapassou US$ 40 bilhões. O número de presos é tão expressivo que interfere, decisivamente, nos cálculos das taxas de desemprego.

Medidas legislativas baseadas no princípio da "tolerância zero" (que pretende prevenir delitos mais graves com a punição de infrações mais leves), apoiadas pela maioria da população, indicam que a disposição dos governantes não é prender apenas os autores dos crimes violentos, e sim abortar carreiras criminosas no nascedouro, não se importando com o custo humano, financeiro e político disso.

Em alguns estados norte-americanos, a aplicação de leis conhecidas por *three strikes you're out* (expressão emprestada do beisebol, um dos esportes mais populares do país) pode resultar hoje na prisão perpétua, sem direito à liberdade condicional, de reincidentes em três delitos não-violentos.

Nas últimas duas décadas, os EUA endureceram o regime punitivo, modificaram suas prioridades or-

---

[14] U.S. Department of Justice, Bureau of Justice Statistics (www.ojp.usdoj.gov/bjsglance/tables/).

çamentárias e ampliaram a infra-estrutura carcerária, recorrendo, inclusive, à iniciativa privada para a construção e gestão de penitenciárias.

As prisões e os réus passaram a ser o núcleo de um poderoso interesse industrial, um grande negócio. Na esteira da globalização, empresas dedicadas ao cárcere movimentam milhões de dólares anualmente, prometendo aliviar as despesas estatais e resolver o problema da superlotação. Segundo Minhoto, já têm interesses econômicos espalhados por países como França, Canadá, Inglaterra, Alemanha, Austrália e Porto Rico. Para elas, pelo menos, o crime compensa.

Este livro tem por objetivo introduzir o leitor no assunto prisão. Além de discorrer sobre as origens e os desenvolvimentos históricos dos sistemas penitenciários, traz explicações rápidas do regime punitivo brasileiro atual. No último capítulo, são apresentadas algumas das principais polêmicas: dos efeitos negativos causados no ser humano pelo encarceramento às tendências de privatização, do absoluto desinteresse político em torno da figura do preso à discussão sobre a eficácia da prisão como instrumento de combate à violência.

Trata-se de um livro breve. O pequeno conjunto de obras que serviu de base para sua elaboração constitui um acervo de leitura recomendável para quem pretende se aprofundar, mas é apenas uma amostra do quanto já se escreveu, mais e melhor, sobre o tema.

1. HISTÓRIA DAS PRISÕES

ORIGENS

O cárcere sempre existiu. Sua finalidade, porém, não era a de hoje. Destinava-se à guarda de escravos e prisioneiros de guerra. Em matéria penal, servia, basicamente, para a custódia de infratores à espera da punição aplicada e do próprio julgamento – para que não fugissem e para que fossem submetidos à tortura, método de produção de prova antes considerado legítimo.

Diversas passagens bíblicas revelam seu significado mais antigo. Pedro teria afirmado aos juízes da Palestina: "Havendo eu recebido autorização dos sacerdotes, encerrei muitos dos santos nas prisões; e contra estes dava meu voto, quando os matavam" (At 26, 10).

Os réus não eram condenados especificamente à perda da liberdade por um período determinado de dias, meses ou anos. Eram punidos com morte, suplício, degredo, açoite, amputação de membros, galés,[15] trabalhos forçados, confisco de bens. Para viabilizar a punição imposta, permaneciam presos durante dias, meses ou anos.

O encarceramento era um meio, não era o fim da punição. Nesse contexto, não existia preocupação com a qualidade do recinto nem com a própria saúde do prisioneiro. Bastava que o cárcere fosse inexpugnável. Resquícios de prisões medievais estão preservados como museus na Europa. É o caso das masmorras anexas ao palácio dos Doges, em Veneza, aonde se chega pela travessia da famosa "Ponte dos Suspiros".

A partir do século 18, a natureza da prisão se modifica. A necessidade de aproveitar o contingente de pessoas economicamente marginalizadas, o racionalismo político e o declínio moral da pena de morte estimularam o desenvolvimento de uma reação alternativa do poder público ao crime: a supressão da liberdade por determinado período de tempo.

A prisão torna-se então a essência do sistema punitivo. A finalidade do encarceramento passa a ser isolar e recuperar o infrator. O cárcere infecto, capaz de fazer adoecer seus hóspedes e matá-los antes da hora, simples acessório de um processo punitivo baseado no tormento físico, é substituído pela idéia de um estabelecimento público, severo, regulamentado, higiênico, intransponível, capaz de prevenir o delito e ressocializar quem o comete. É uma mudança histórica gigantesca – ainda que muitas vezes essas últimas características só estejam asseguradas no papel. Por isso, geralmente, o desenvolvimento da prisão é associado ao humanismo.

---

[15] Galé era o nome de uma embarcação: prisão flutuante, os presos remavam sob a ameaça do chicote.

Na visão crítica de Foucault, no entanto, trata-se de um direcionamento novo da arte de fazer sofrer. Extinguiu-se o espetáculo público da violência atroz e da dor insuportável e abriu-se uma época de absoluta sobriedade punitiva, na qual o carrasco se comporta como um "relojoeiro meticuloso".

O objeto da punição não é mais o corpo do condenado, é sua alma. O tempo perdido, moeda de valor, passa a ser a base da resposta do Estado à criminalidade – mesmo em países que preservaram a pena de morte em seus ordenamentos jurídicos para delitos mais graves.

Os historiadores identificam a origem da prisão moderna nas celas eclesiásticas, instituídas pela Igreja Católica para a punição de religiosos infratores, e nas casas de correção criadas a partir da segunda metade do século 16 na Inglaterra (*houses of correction* e *bridewells*) e na Holanda (*rasphuis* para homens e *spinhuis* para mulheres).

As celas eclesiásticas estimulavam a reflexão em torno do pecado cometido, aproximavam o pecador de Deus. As casas de correção recuperavam mendigos, desordeiros, autores de pequenos delitos, sob o comando da ética calvinista: trabalho, ensino religioso e disciplina.

Na perspectiva marxista, o surgimento da prisão acontece não por um propósito humanitário, mas pela necessidade de "domesticar" setores marginalizados pela nascente economia capitalista. Havia um contingente de homens expulsos do campo e ainda despreparados para assumir seu papel nas cidades. Uma "classe perigosa" perambulava pelas estradas, e a prisão aparecia como mecanismo de controle social.

O sistema punitivo moderno foi construído a partir da segunda metade do século 18. Os exageros do antigo regime já eram objeto da crítica de filósofos iluministas, mas é um aristocrata de Milão, Cesare Beccaria (1738-94), quem sintetiza o formato dos novos Códigos. Sua obra, *Dos Delitos e das Penas*, publicada em 1764, sustenta que "o fim das penas não é atormentar e afligir um ser sensível, nem desfazer um crime que já foi cometido" (p. 85). Para ele, "os castigos têm por fim único impedir o culpado de ser nocivo futuramente à sociedade e desviar seus concidadãos da senda do crime". A proporcionalidade da punição adquire valor utilitário: "Quanto mais atrozes forem os castigos, tanto mais audacioso será o culpado para evitá-los. Acumulará os crimes, para subtrair-se à pena merecida pelo primeiro".

John Howard (1726-90), com a experiência pessoal de xerife na Grã-Bretanha e de visitante de muitas prisões européias, formula em 1777 uma série de críticas à realidade da época. Propõe a criação de estabelecimentos especiais para o cumprimento das penas. Sugere alguns critérios de separação de presos, o isolamento noturno para o condenado e a religião como instrumento regenerativo. Defende também a criação de mecanismos de controle externo, hoje consagrados em todo o mundo, pelo menos no plano formal: "A administração de uma prisão é coisa muito importante para abandoná-la completamente aos cuidados de um carcereiro" (Bitencourt, p. 48).

A contribuição do pensador inglês Jeremy Bentham (1748-1832) é decisiva. Além de antecipar traços das atuais propostas de privatização do sistema punitivo (Minhoto), sugere a adoção de um castigo moderado, com disciplina severa, alimentação grosseira e vestimenta humilhante, tudo com o objetivo de recuperar o criminoso: "É uma grande qualidade da pena poder servir para a emenda do delinqüente, não só pelo temor de ser castigado novamente, mas também pela mudança em seu caráter e seus hábitos. Conseguir-se-á este fim analisando o motivo que produziu o delito e aplicando-lhe uma pena adequada para enfraquecer este motivo. Uma casa de correção para atingir este objetivo deve ser suscetível à separação dos delinqüentes em diferentes seções para que possam ser adotados meios diversos de educação à diversidade de estado moral" (Bitencourt, p. 50).

Em 1791, Bentham proporia a construção do Panóptico, um prédio circular em torno de uma torre, por onde o interior da cela de cada detento poderia ser visualmente controlado pela vigilância: "O edifício é como uma colméia, cujas pequenas cavidades podem ser vistas todas de um ponto central. O inspetor invisível reina como um espírito" (Bitencourt, p. 54). Surgem as bases arquitetônicas das prisões modernas e uma chave para compreender o próprio processo de erosão da privacidade, cada vez mais profundo, resultante de um poder "visível" e "inverificável" (Foucault, p. 178).

PRIMEIRAS PENITENCIÁRIAS

Dois sistemas penitenciários se desenvolveram nos EUA no final do século 18 e nas primeiras décadas do século 19.

O da Filadélfia, ou sistema celular, impunha aos condenados o isolamento na cela 24 horas por dia (*solitary confinement*). É onde dormiam, se alimentavam e trabalhavam. Pretendia-se estimular o remorso, o arrependimento, a meditação, a oração. Os presos estavam afastados do mundo exterior e separados uns dos outros – livres, portanto, de influências maléficas. A única leitura possível era a *Bíblia*.

O protótipo do sistema foi instituído em Walnut, na Filadélfia, em 1790, sob a influência dos *quakers*. Logo seria transposto para dois novos estabelecimentos, a Western Penitentiary (1818), em Pittsburgh, e a Eastern Penitentiary (1829), em Cherry Hill.

O sistema de Auburn, ou *silent system*, adotado a partir da década de 1820 numa penitenciária existente na cidade do mesmo nome, no estado de Nova York, impunha aos condenados o isolamento celular noturno, mas com trabalho diurno e refeições em comum. Foi uma reação ao sistema de confinamento da Filadélfia. O silêncio era absoluto, e a vigilância, permanente: os presos estavam proibidos de conversar entre si e trocar olhares; só podiam se dirigir aos guardas, depois de autorizados e em voz baixa. Caminhavam em fila, e o regime era quase militar.

Na essência dos dois sistemas, estava a idéia de que o criminoso resulta de uma falha no processo de construção de seu caráter, processo normalmente promovido pela família, igreja, escola, comunidade. A penitenciária agiria justamente onde aquelas instituições falharam: na imposição de rotinas, no estímulo à reflexão, ao trabalho e ao arrependimento, na disciplina e na distribuição de castigo físico para quem desobedecesse às regras do confinamento (Rothman, p. 106).

A vantagem do sistema de Auburn em relação ao sistema da Filadélfia estava na possibilidade de adaptar o preso à rotina industrial: o trabalho em oficinas, durante oito ou dez horas diárias, compensava custos do investimento e dava perfil mais racional ao presídio. Na Filadélfia, o trabalho era artesanal e não-remunerado; em Auburn, a organização do trabalho estava entregue a empresas.

Importante registrar que uma decisão judicial de 1871, nos EUA, referia-se ao preso como "escravo do Estado" (Fragoso) e que, na prática, a reforma do condenado "pelo trabalho significou a reinstituição da escravidão para o estrato mais baixo da população negra" (Minhoto, p. 99).

O sistema de Auburn acabou prevalecendo nos EUA. O isolamento absoluto foi desde logo apontado como modalidade de punição cruel.

O romancista russo Fiodor M. Dostoievski (1821-81), que conheceu o rigor dos trabalhos forçados na Sibéria, regime de punição considerado primitivo já na época, diria em 1860 que o "famoso sistema celular" produz um resultado enganador: "suga a seiva vital do indivíduo, enerva-lhe a alma, enfraquece-o, assusta-o, e depois apresenta como um modelo de regeneração, de arrependimento, o que é apenas uma múmia ressequida e meio louca" (p. 48).

Em rigor, os dois sistemas, tal como concebidos, se revelariam impraticáveis pela quantidade crescente de presos e pelo preço elevado da construção de penitenciárias com celas individuais. Inflexíveis também, os dois modelos não ofereciam estímulo aos detentos, limitados a obedecer à rotina de comportamento e trabalho imposta pela administração do presídio e a aguardar o tempo passar.

Na segunda metade do século 19, os impulsos originais para a reforma do criminoso baseada no isolamento ou no silêncio já estariam comprometidos pela superpopulação das penitenciárias norte-americanas, pela corrupção dos vigilantes e pela crueldade da disciplina (Rotman, p. 152). Permaneceriam, no entanto, como referência histórica importante.

A partir da Europa, desenvolveu-se o sistema progressivo de cumprimento de pena, que se imporia depois como o mais adequado aos ideais de regeneração.

A colônia britânica da Austrália encaminhava delinqüentes perigosos para a ilha Norfolk (entre a Nova Zelândia e a Nova Caledônia), e o diretor do presídio criou um regime denominado *mark system* ("marcas", ou "vales"), em que o preso se beneficiava da quantidade de trabalho realizado no dia e era punido por atos de indisciplina que eventualmente praticasse, numa relação de "débito-crédito" que, afinal, determinaria a duração da pena.

Na ilha Norfolk, a pena de prisão passou a ser cumprida em três fases: um período inicial de isolamento celular diurno e noturno (Filadélfia), com regime de trabalho duro e alimentação escassa; um período de trabalho em comum sob a regra do silêncio, com isolamento noturno (Auburn), no qual o preso iria adquirindo, paulatinamente, os vales (*tickets of leave*) que poderiam conduzi-lo ao terceiro estágio, o da liberdade condicional; e essa última fase, em que o preso ficava em relativa liberdade por prazo determinado e, se não desse causa à revogação do benefício, adquiria a liberdade definitiva. O regime, pelo estímulo ao bom comportamento, derrotou a tradição local de motins e seria transposto para a Inglaterra.

O modelo progressivo foi aperfeiçoado na Irlanda, onde se incluiu, entre as fases estabelecidas na ilha Norfolk, um quarto estágio, a "prisão intermediária", na qual, antes de adquirir a liberdade condicional, o preso trabalhava ao ar livre, em estabelecimentos especiais, sem os rigores da prisão fechada. O modelo se espalhou pelo mundo.

Com o tempo, o fracasso da prisão fechada na regeneração do infrator estimularia a criação de políticas criminais menos rigorosas para delitos de menor gravidade, com a adoção de medidas como a suspensão condicional da pena (*sursis*); a prisão aberta, muito mais barata, na qual o detento tem vida normal de trabalho durante o dia e se recolhe a estabelecimento sem vigilância durante a noite; as penas alternativas, consistentes em pagamento de multa, prestação de serviços à comunidade etc.; e a utilização de mecanismos de vigilância mais sofisticados, como a pulseira radiotransmissora, que monitora o deslocamento do condenado dentro dos limites geográficos impostos pela sentença.

MUNDO AFORA

Há comportamentos humanos, como matar alguém, que sob o olhar de qualquer um e em qualquer época sempre foram e sempre serão considerados criminosos. Outras atitudes, porém, só são ofensivas em determinados momentos ou regiões. Os diversos povos punem seus infratores de forma diferente.

O homossexualismo, castigado na Europa com pena de morte e requintes de crueldade na época do descobrimento do Brasil, ainda se mantém como grave delito em países de orientação islâmica, mas é algo que deixou de interessar ao direito penal do ocidente: se, na Arábia Saudita, três homens foram decapitados em janeiro de 2002 por homossexualismo e incitação à sedução de menores, "cúmulo da torpeza e da infâmia",[16]

[16] *Folha de S.Paulo*, 4/1/2002, "Arábia Saudita Executa Três por Homossexualismo".

as legislações de outros países já regulamentam a união civil de pessoas do mesmo sexo. Por outro lado, condutas anteriormente lícitas, ainda que imorais, como atos de segregação racial, passaram a ser castigadas.

Fatores culturais, religiosos, políticos e econômicos determinam não apenas as condutas que em cada canto do mundo são reprimidas, como também os mecanismos de punição adotados. As prisões, essencialmente iguais em todo lugar como instrumento de privação da liberdade, sofrem a influência dos mesmos fatores históricos.

O que se pode observar dos relatórios resultantes do monitoramento realizado pelo Human Rights Watch (organização não-governamental, fundada nos EUA em 1978, que vem investigando violações de direitos humanos) é que as prisões são invariavelmente fonte de atentados à dignidade humana.[17]

Países pobres e países ricos enfrentam dificuldades. Cárceres superlotados na Europa, na América, na Ásia, no Oriente Médio. Prisões antiquadas na Inglaterra. Violência entre presos na Finlândia. Violência sexual nos EUA. Adolescentes e adultos misturados na Nicarágua. Presos sem acusação no Egito. Maioria de detentos não-sentenciados em Honduras. Massacres na Venezuela. Isolamento absoluto na Turquia. Greve de fome na Romênia. Prisioneiros que mutilaram o próprio corpo para protestar contra as condições de vida no Cazaquistão. Doença e desnutrição no Marrocos. Mais de 96 mil tuberculosos na Rússia. Presos sem espaço para dormir em Moçambique. Tortura e número de presos desconhecido na China.

---

[17] Human Rights Watch (www.hrw.org).

Quanto mais o observador se aproxima, mais profundas se revelam as violações.

Vejamos o caso do Japão, uma das economias mais ricas, com taxas reduzidas de criminalidade e de encarceramento. Em números absolutos, havia cerca de 103 mil prisioneiros em 1950 e apenas 45 mil em 1994. Sobram vagas nas penitenciárias (Stern, p. 33 e 97).

Estima-se que 7% dos criminosos identificados pela polícia são encarcerados. Os restantes são alcançados por políticas alternativas (suspensão da pena ou do processo). A taxa de encarceramento em 1994 era de 37 presos por 100 mil habitantes, bastante inferior à de outros países ricos no mesmo ano: EUA (554), Nova Zelândia (126), Canadá (118), Austrália (94), Itália (90), Dinamarca (67), Holanda (57).[18]

As prisões são limpas, higiênicas e seguras. A lei que as regulamenta, porém, é de 1908, e a disciplina, rigorosa e estranha – sobretudo para o número crescente de estrangeiros encarcerados, entre eles brasileiros, que foram para o Japão em busca de trabalho.[19]

Em 1996, Vivian Stern, autora de *A Sin Against the Future – Imprisonment in the World*, visitou a prisão de Fuchu, a maior do país, com 2.206 presos e capacidade para abrigar 2.598. Os estrangeiros estavam alojados em celas individuais, com cama ocidental, toalete, mesa e TV (controlada pelo lado de fora). As celas dos japoneses eram coletivas e cobertas de tatames. Janelas luminosas. Instalações para

---

[18] Ko Akatsuka, *Diversity of Prison Problems in Asia* (www.csc-scc.gc.ca/text/forum/bprisons/english/japan).

[19] Talvez por isso, o site do jornal *Nippo-Brasil* (www.nippobrasil.com.br) publicou na edição de 7/12/2001 classificado com o título "História Para um Filme", em que o anunciante pedia aos leitores que informassem sobre "alguém que esteve preso no Japão". Fornecia o telefone e prometia "sigilo absoluto".

trabalho. Um amplo pátio, onde os prisioneiros podiam se exercitar diariamente. Apenas cinco pequenos recintos para visita, indicativo de que poucos presos eram visitados.

O sistema japonês adotava a censura como princípio geral. Na TV, só esportes e variedades, nada de noticiário. Jornais podiam entrar, mas a direção recortava reportagens "prejudiciais à segurança". A correspondência era lida antes pelos guardas. Prisioneiros eram instruídos a não escrever sobre a vida na instituição. No primeiro estágio da pena, os prisioneiros podiam enviar uma carta por mês; no último estágio, uma carta por dia. Um vidro separava o detento das visitas; um guarda anotava o que era dito. Os presos, salvo os do último estágio, tinham os cabelos raspados. Durante o trabalho, estavam proibidos de conversar ou dirigir o olhar para o alto. Com freqüência, eram despidos e revistados detalhadamente. Os objetos pertencentes aos presos deviam estar acomodados em locais previamente estabelecidos.

O rigor e o excesso de vigilância tinha por objetivo "proteger" os internos: disciplina e isolamento estimulariam o remorso, a reflexão, a mudança de vida.

Depoimentos de presos norte-americanos que conheceram a prisão japonesa impressionam.[20]

Johnny Crittenden, condenado por violação sexual, cumpriu pena em Fuchu. Conta que permaneceu quatro anos e meio em solitária, como punição, por ter-se recusado a cortar o cabelo rastafári. Diz que passava cerca de oito horas, todos os dias, sentado e dobrando papel de embalagens, sem poder se levantar

---

[20] Kevin Heldman, *Obedience to Authority* (www.apbonline.com/cjsystem/behind_bars/1999/12/09/Japan).

nem mover os olhos, e que os presos não podiam nem mesmo caminhar dentro da cela.

Uma das modalidades de punição disciplinar chama-se *chobatsu*: o preso é isolado e obrigado a permanecer sentado, imóvel, rígido, perfeitamente alinhado, os pés sempre no chão, as mãos estendidas sobre as pernas, por 12 horas diárias. Crittenden afirma ter recebido o castigo durante 20 dias. Segundo o porta-voz do Ministério da Justiça do Japão, ocorreram 21.648 incidentes que resultaram na aplicação de *chobatsu* em 1998.

O preso considerado violento ou propenso ao suicídio podia ser imobilizado por um "cinto de contenção": acorrentado com os braços para trás, de modo a estar permanentemente ajoelhado.

Kevin Mara, norte-americano que esteve em Fuchu por cinco anos, surpreendido com 12 quilos de maconha no aeroporto de Narita, processa o governo japonês por maus-tratos. Relata que, por ter arremessado um livro ao chão, foi conduzido a uma cela de proteção, onde havia uma câmera no teto e uma garrafa de água com um canudo para que pudesse beber, e imobilizado com o tal cinto por cerca de 20 horas. Mara calcula ter permanecido três meses sob *chobatsu* durante o período de cumprimento da pena.

Segundo entidades de defesa de direitos humanos, a punição disciplinar é arbitrária no Japão, muitas vezes levada a cabo por motivos insignificantes, e não está sujeita a controle.

Yuji Yokota, ex-preso japonês que também esteve em Fuchu, tem uma visão diferente do regime. Diz que amadureceu no cárcere como ser humano e aprendeu a respeitar os superiores e a se comunicar com os outros.

As prisões japonesas não registram, pelo menos oficialmente, episódios de violência entre presos, o que as distingue das prisões de outros países. A taxa de reincidência (em média 46,8% entre 1992 e 1997), no entanto, não é muito diferente da taxa estimada para os EUA (cerca de 40%).

2. PRISÕES NO BRASIL

DA COLÔNIA À REPÚBLICA

Em 1551, já se mencionava a existência em Salvador, Bahia, onde se instalou a sede do governo-geral do Brasil, de uma "cadeia muito boa e bem acabada com casa de audiência e câmara em cima [...] tudo de pedra e barro, rebocadas de cal, e telhado com telha" (Russell-Wood, p. 39).

Nas cidades e vilas, as prisões se localizavam no andar térreo das câmaras municipais e faziam parte constitutiva do poder local. Serviam para recolher desordeiros, escravos fugitivos e, evidentemente, criminosos à espera de julgamento e punição. Não eram cercadas por muros, e os presos mantinham contato com transeuntes, através das grades; recebiam esmolas, alimentos, informações (Salla, p. 41).

As prisões estavam alocadas também em prédios militares e fortificados, que foram construídos em pontos estratégicos para a defesa do território e, com o tempo, perderam a função.

O Aljube, antigo cárcere eclesiástico do Rio de Janeiro, usado para a punição de religiosos, foi cedido pela Igreja para servir de prisão comum após a chegada da Família Real, em 1808. Em 1829, uma comissão de inspeção nomeada pela Câmara Municipal afirmaria: "O aspecto dos presos nos faz tremer de horror"; eram 390 detentos, e cada um dispunha de uma área aproximada de 0,60 por 1,20 metro. Em 1831, o número de presos passaria de 500. Em 1856, prestes a ser desativado, o Aljube seria definido pelo chefe de polícia da Corte como um "protesto vivo contra o nosso progresso moral" (Holloway, p. 66 e 199).

Um decreto de 1821, ano anterior à Independência, firmado pelo príncipe regente d. Pedro, marca o início da preocupação das autoridades com o estado das prisões do país: ninguém será "lançado" em "masmorra estreita, escura ou infecta" porque "a prisão deve só servir para guardar as pessoas e nunca para as adoecer e flagelar" (Salla, p. 43).

A Constituição de 1824, além de ter abolido o açoite (mantido para escravos), a tortura, a marca de ferro quente e outras penas cruéis e costumes punitivos antigos, disciplinados pelas Ordenações do Reino de Portugal, determinava que as cadeias fossem "seguras, limpas e bem arejadas, havendo diversas casas para separação dos réus, conforme suas circunstâncias e natureza dos seus crimes" (Campanhole).

Em rigor, a pena privativa de liberdade só foi instituída pelo Código Criminal do Império, em 1830. A pena de morte, na forca, ficou reservada para casos de homicídio, latrocínio e insurreição de escravos. É uma mudança importante: no antigo regime, a pena de morte era prevista para mais de 70 infrações (Dotti, p. 52). Em 1835, como reação ao levante de negros muçulmanos ocorrido na Bahia, uma lei draconiana ampliaria as hipóteses de pena capital para escravos que matassem, tentassem matar ou ferissem gravemente o senhor ou o feitor.

Foi mantida a pena de galés, que, na época do Código, não significava remar, e sim fazer trabalhos forçados em obras públicas: os presos usavam "calceta no pé e corrente de ferro". Realizaram obras urbanas importantes no Rio de Janeiro.

A principal novidade do Código Criminal de 1830 era, de fato, o surgimento das penas de *prisão com trabalho* (o condenado tinha a obrigação de trabalhar diariamente dentro do recinto dos presídios), que em alguns casos podia ser perpétua, e de *prisão simples*, que consistia na reclusão pelo tempo marcado na sentença, a ser cumprida "nas prisões públicas que oferecerem maior comodidade e segurança e na maior proximidade que for possível dos lugares dos delitos".

As cadeias, porém, não eram adequadas. O Código determinava que, até a construção de novos estabelecimentos, a prisão com trabalho se converteria em *prisão simples*, com o acréscimo de mais um sexto na duração da pena.

A cadeia da cidade de São Paulo foi regularmente visitada entre 1829 e 1841 por comissões formadas de "cidadãos probos", e a percepção foi sempre a pior possível. Segundo o relatório de 1831, era "imunda", "pestilenta", "estreita", com o "ar infectado"; os presos eram "tratados com a última desumanidade" (Salla, p. 50).

Dois estabelecimentos foram projetados para suprir a lacuna, um no Rio de Janeiro e o outro em São Paulo. Eram as Casas de Correção, inauguradas respectivamente em 1850 e 1852. Pode-se dizer que elas simbolizam a entrada do país na era da modernidade punitiva.

Foram idealizadas sob os influxos da arquitetura penitenciária de Bentham, praticada nos EUA e na Europa. A do Rio de Janeiro só não reproduziu o modelo do Panóptico por um erro de construção (Fragoso, p. 299).

Contavam com oficinas de trabalho, pátios e celas individuais. Buscavam a regeneração do condenado por intermédio de regulamentos inspirados no sistema de Auburn, segundo os quais os presos trabalhavam em silêncio durante o dia e se recolhiam às celas durante a noite.

Mas as duas Casas de Correção, ilhas de excelência, espécie de ruptura na realidade punitiva existente, não deixavam de espelhar a situação geral de um país escravista e repressivo. Além de abrigarem presos condenados à prisão com trabalho, à prisão simples e também às galés (a partir da segunda metade do século 19, com o declínio do uso da pena de morte, muitos escravos tiveram sentenças capitais comutadas pelo imperador em galés perpétuas), elas hospedavam presos correcionais (não-sentenciados), grupo composto de vadios, mendigos, desordeiros, índios e menores arbitrariamente trancafiados pelas autoridades.

Possuíam também um recinto especial, o calabouço, destinado a abrigar escravos fugitivos e entregues pelos proprietários à autoridade pública, em depósito, ou para que recebessem a pena de *açoite*. O Código Criminal determinava que o escravo que cometesse um crime pelo qual não fosse condenado à morte ou às galés, fosse condenado ao açoite. O número de chibatadas, a ser determinado pela sentença judicial, estava limitado a 50 por dia. Depois de cumprida a decisão, o escravo era devolvido a seu senhor, que se obrigava a "trazê-lo com um ferro pelo tempo que o juiz designar". Só em 1886 o açoite seria abolido para os escravos.

Ao longo do Império, como demonstra Fernando Salla em *As Prisões em São Paulo: 1822-1940*, começa a se formar no país uma cultura sobre o assunto.

Juristas e funcionários viajam ao exterior para conhecer sistemas penitenciários. É debatida a criação de colônias penais marítimas, agrícolas e industriais. Nasce a preocupação com o estudo científico da personalidade do delinqüente. O criminoso passa a ser visto "como um doente, a pena como um remédio e a prisão como um hospital" (Salla, p. 134).

Consolida-se o sentimento de que o país não tratava adequadamente seus prisioneiros. Havia falta de espaço, e muitos eram remetidos para o hoje paraíso ecológico de Fernando de Noronha, que, em 1872, abrigava 1.338 condenados (178 militares) em situação de absoluta miséria. Nas províncias, os presos viviam em completa ociosidade. Em 1884, o formato das duas Casas de Correção seria objeto de crítica de uma comissão inspetora nomeada pelo presidente da província de São Paulo: para essa comissão, o regime adotado, "em vez de regenerar ou de moralizar o delinqüente, tende a corrompê-lo ainda mais" (p. 139).

O sistema ideal, para os propósitos de uma nação moderna, passa a ser o progressivo, formalmente adotado pelo Código republicano de 1890.

Com a República, desapareceram do cenário punitivo a forca e as galés. Ficou estabelecido, ainda, o caráter temporário das penas restritivas da liberdade individual. Não poderiam exceder a 30 anos – princípio que prevalece até a atualidade.

A base do sistema de penas adotado pelo novo Código era a *prisão celular*, prevista para a grande maioria de condutas criminosas. Deveria ser cumprida em estabelecimento especial. O preso teria um período de isolamento na cela (Filadélfia) e depois passaria ao regime de trabalho obrigatório em comum, segregação noturna e silêncio diurno (Auburn). O condenado a pena superior a seis anos, com bom comportamento e depois de cumprida a metade da sentença, poderia ser transferido para "alguma penitenciária agrícola". Mantido o bom comportamento, faltando dois anos para o fim da pena, teria a perspectiva do livramento condicional.

O Código de 1890 criou outras medidas privativas da liberdade individual, mas de aplicação mais restrita (Dotti, p. 55): *reclusão*, para crimes políticos, "em fortalezas, praças de guerra ou presídios militares"; *prisão disciplinar*, para menores vadios até a idade de 21 anos, em estabelecimentos industriais; e *prisão com trabalhos*, para vadios e capoeiras, em penitenciárias agrícolas. Os capoeiras, "bailarinos da rasteira e do berimbau", considerados "malfeitores" durante o Império (Goulart, p. 113), continuaram sendo tratados como marginais depois de proclamada a República.

Mais uma vez, configurou-se o abismo entre a fria letra da lei e a realidade dos presídios. O primeiro Código republicano, a exemplo do Código imperial, permitiria que a prisão celular fosse executada conforme os antigos moldes da prisão com trabalho, nos estabelecimentos existentes e, onde eles não existissem, como prisão simples, com o acréscimo de mais um sexto à duração da sentença.

Assim, o novo regime penitenciário quase não saía do papel. Em 1906, havia em São Paulo 976 condenados à prisão celular e apenas 160 vagas. Solução improvisada, os presos foram direcionados para a "abertura, construção e conservação de estradas públicas de rodagem" (Salla, p. 178 e 182).

Em 1920, é inaugurada a penitenciária de São Paulo, que ainda permanece em atividade, no bairro do Carandiru. Projeto de Ramos de Azevedo, foi saudada entusiasticamente como um marco na evolução das prisões e era visitada por juristas e estudiosos do Brasil e do mundo, como "instituto de regeneração modelar". Construída para 1.200 presos, oferecia o que havia de mais moderno em matéria de prisão: oficinas, enfermarias, escolas, corpo técnico, acomodações adequadas, segurança. Tudo parecia perfeito.

Segundo Salla, a nova penitenciária se encaixava "num amplo projeto de organização social elaborado pelas elites do período, no qual um estabelecimento prisional deveria estar à altura do 'progresso material e moral' do Estado" (p. 185). Apresentaria, no entanto, os vícios e violências de qualquer outra prisão: o poder psiquiátrico interfere na concessão dos benefícios previstos na lei para os presos, e o rigor disciplinar é exercido segundo critérios subjetivos.

A própria estrutura disciplinar da época, elaborada com base na regra do silêncio entre os presos, não se sustentava na prática. Conforme relatório de um de seus dirigentes, os "mortos" das prisões comunicavam-se por "sinais convencionais" e por "tubos dos aparelhos sanitários que têm comunicação com as celas vizinhas" (Salla, p. 216). O silêncio imposto pelos antigos sistemas é a fonte do surgimento de códigos de comunicação alternativos que perduram até hoje: aproveitam desde o alfabeto manual de surdos-mudos até técnicas desenvolvidas pelos próprios prisioneiros, como a do "abano" (Rodrigues, p. 15), que consiste na troca de letras de uma palavra pela quantidade de acenos a ela correspondente.

Em 1940, é editado o Código Penal, atualmente em vigor, com alterações importantes em 1977, 1984 e 1989.

Foram criadas duas penas privativas de liberdade. Para crimes mais graves, a *reclusão*, de no máximo 30 anos, sujeitava o condenado a isolamento diurno por até três meses e, depois, trabalho em comum dentro da penitenciária ou, fora dela, em obras públicas. A *detenção*, de no máximo três anos, foi concebida para crimes de menor impacto: os detentos deveriam estar separados dos reclusos e poderiam escolher o próprio trabalho, desde que de caráter educativo.

A ordem de separação nunca foi obedecida pelas autoridades brasileiras, e as diferenças práticas entre reclusão e detenção desapareceriam com o tempo, permanecendo válidas apenas as de caráter processual (Fragoso).

Condenados primários à pena de detenção não superior a dois anos, assim como menores de 21 anos e maiores de 70 condenados à pena de dois anos de reclusão, beneficiavam-se do *sursis* (suspensão condicional) e, em princípio, não eram aprisionados.

O cárcere é a espinha dorsal do sistema criado em 1940. Cerca de 300 infrações definidas no Código Penal são punidas em tese com pena privativa de liberdade (reclusão e detenção). A Lei de Contravenções Penais, de 1941, definiu 69 infrações de gravidade menor e previu 50 vezes a pena de prisão simples, a ser cumprida sem rigor penitenciário (Dotti, p. 68 e 90).

Outro símbolo da história das prisões brasileiras é a Casa de Detenção de São Paulo, também no Carandiru, que chegou a hospedar mais de 8 mil homens, apesar de só ter 3.250 vagas. Inaugurada em

1956 para presos à espera de julgamento, sua finalidade se corrompeu ao longo dos anos, pois a Casa de Detenção passou a abrigar também condenados. O governo estadual anunciava desativá-la em março de 2002. Batizou a iniciativa de "fim do inferno" e prometia remover mais de 7 mil presos para 11 novos presídios, menores e longínquos.[21]

A Casa de Detenção, cidade murada e dantesca, ficou mundialmente conhecida pela miséria de seu interior e pela extensa coleção de motins, fugas e episódios de desmando e violência, sobretudo o massacre dos 111 presos em 1992, pela Polícia Militar.

Com a reforma parcial do Código Penal em 1977, começou a prevalecer, pelo menos entre especialistas, o entendimento de que a prisão deveria ser reservada para crimes mais graves e delinqüentes perigosos. A superlotação carcerária já preocupava as autoridades. A lei ampliou os casos de *sursis*, instituiu a prisão-albergue e estabeleceu os atuais regimes de cumprimento da pena de prisão (fechado, semi-aberto e aberto).

O movimento se acentuou com mais uma reforma parcial em 1984, que, entre outras medidas, criou as penas alternativas.

Em contrapartida, nas últimas duas décadas, os índices crescentes de criminalidade, os episódios marcantes de violência e o sentimento de impunidade têm incentivado retrocessos legislativos capazes de levar para as prisões pessoas que, objetivamente, nelas não precisariam estar.

---

[21] Secretaria de Administração Penitenciária de São Paulo, *Programa de Desativação da Casa de Detenção "Prof. Flamínio Fávero"* (www.admpenitenciaria.sp.gov.br). Em 31/12/2001, o chamado complexo do Carandiru abrigava a Penitenciária do Estado, a Casa de Detenção, a Penitenciária Feminina, o Hospital Central Penitenciário, o Centro de Observação Criminológica e a Escola Penitenciária.

CRIME E CASTIGO HOJE

É importante entender como e por que as pessoas são presas.

Numa perspectiva eminentemente jurídica, o crime é o comportamento humano ao qual corresponde uma modalidade de punição. As diversas condutas proibidas e as respectivas penas são fixadas pelo legislador, e ao cidadão não é dado ignorar seu conteúdo. As regras do jogo, portanto, são fixadas com antecedência.

Assim, o crime de roubo (subtrair coisa móvel alheia mediante grave ameaça ou violência), delito pelo qual a maior parte dos presos brasileiros é condenada, está definido no artigo 157 do Código Penal com pena de quatro a dez anos de reclusão. Em determinadas circunstâncias (mais de um assaltante ou com emprego de arma, por exemplo), a pena se agrava: cinco anos e quatro meses no mínimo. De outro lado, um abuso de autoridade, como trancafiar alguém arbitrariamente numa prisão, definido como crime pela lei 4.898/65, pode ser punido com uma singela multa.

Como se vê, em tais decisões legislativas há um componente político bastante nítido: uma corrente de ouro pode valer mais, aparentemente muito mais, do que a própria liberdade.

Para que a punição criminal se configure, não basta a ocorrência do crime. É preciso que o autor tenha mais de 18 anos e capacidade mental para compreender o caráter criminoso do ato.

O menor infrator é levado não para o cárcere, mas para uma instituição supostamente educativa, onde pode permanecer internado até completar 21 anos. O doente mental é tecnicamente inocente, mas, de acordo com a gravidade do ato praticado e a periculosidade do indivíduo, é alvo de *medida de segurança* e internado em instituição psiquiátrica, sem prazo preestabelecido para sair. O índio "não-aculturado" também não é punido; entretanto, em caso de condenação, conforme seu grau de "integração", a pena é cumprida em regime de semiliberdade, sob o controle da Fundação Nacional do Índio (Funai).

Por outro lado, situações especiais fazem desaparecer o crime apesar da ocorrência do fato definido na lei. São os casos de legítima defesa, estado de necessidade, exercício regular de um direito e estrito cumprimento do dever.

O crime pode ser doloso ou culposo. Doloso é aquele em que o autor age intencionalmente, ou seja, quer o resultado ou admite que o resultado pode ocorrer. No crime culposo, não há intenção: o autor age com negligência, imprudência ou imperícia e, assim, provoca o resultado que não deseja.

O princípio geral de nosso sistema processual impõe a prisão do réu apenas depois de a decisão condenatória se tornar definitiva, ou seja, quando não mais existirem recursos pendentes de julgamento. O tráfico de drogas é uma exceção: a lei estabelece que o condenado não poderá recorrer sem antes ser preso.

Antes da condenação, existem a prisão em flagrante delito, a prisão preventiva e a prisão temporária.

O flagrante acontece quando o criminoso está cometendo o delito, acaba de cometê-lo, é perseguido logo após a ocorrência ou é surpreendido com o produto do crime ou com objetos que permitam inferir ser ele o autor. Não há prazo de horas fixado. Qualquer um pode prender uma pessoa em flagrante delito e conduzi-la à delegacia de polícia.

O preso será solto, com ou sem fiança, se não estiverem presentes os pressupostos da prisão preventiva:

se o delito é punido com detenção ou prisão simples, o delegado deve libertá-lo após as providências burocráticas; em caso de reclusão, só o juiz pode soltá-lo, respeitados os requisitos do Código de Processo Penal.

A prisão preventiva só poderá ser decretada pelo juiz, e isso quando a medida for necessária para assegurar a aplicação da lei (evidência de fuga, por exemplo) ou for conveniente para a instrução criminal (ameaça à testemunha, por exemplo) e para assegurar a "ordem pública" – critério subjetivo que tem permitido a prisão antecipada de réus – e a ordem econômica.

A prisão temporária também será decretada pelo juiz quando for imprescindível para as investigações, quando o indiciado não tiver residência fixa ou não se identificar adequadamente e em hipóteses de "fundada razão" de participação do indiciado em crimes mais graves (homicídio, roubo etc.). Durará cinco dias, sendo prorrogável por mais cinco. Para os crimes hediondos (latrocínio, extorsão mediante seqüestro, estupro etc.), poderá durar 30 dias, sendo prorrogável por mais 30, em caso de "extrema e comprovada necessidade".

Em tese, os chamados presos provisórios (detidos em flagrante ou com prisão temporária e preventiva decretada) deveriam estar separados de presos já condenados. Dada a falta de vagas em penitenciárias, o poder público não cumpre a lei. O tempo de prisão antes da condenação definitiva é computado como pena cumprida. Quando o réu está preso à espera de julgamento, se não são respeitados os prazos processuais, a prisão se torna ilegal.

Determinadas pessoas (como os portadores de diploma de curso superior, os jornalistas, os dirigentes sindicais, os jurados e os oficiais das Forças Armadas) beneficiam-se da *prisão especial*, distinta do local onde estão os presos "comuns". Isso acontece apenas até a condenação se tornar definitiva, quando a diferença desaparece.

Salla reproduz relatório de 1834 que, de certa forma, explicita as origens desse privilégio: "a um homem de educação, que teve a desgraça de cometer um crime, é muito mais sensível a pena de prisão simples, do que a pretos, por gênio preguiçosos, e sem princípios de pundonor" (p. 54). Por certo, o estado de nossas prisões republicanas, favoráveis a toda sorte de violência física e sexual, estimulou as categorias sociais politicamente articuladas a defenderem a integridade de seus pares.

Há no Brasil três tipos de pena: privativa de liberdade (reclusão e detenção, que em termos práticos não se diferenciam), restritiva de direitos (prestação pecuniária, perda de bens e valores, prestação de serviços à comunidade ou entidades públicas, interdição temporária de direitos e limitação de fim de semana) e multa.

As penas restritivas de direitos, também chamadas penas alternativas, foram concebidas para substituir as penas privativas de liberdade. Quando o juiz sentencia o réu, ele aplica a pena de prisão prevista na lei e, se é o caso, a substitui por outra modalidade de punição.

Vejamos as espécies de pena restritiva de direitos.

A *prestação pecuniária* consiste no pagamento à vítima, a seus dependentes ou a entidade pública ou privada de destinação social de uma importância em dinheiro a ser fixada pelo juiz, não inferior a um salário mínimo nem superior a 360 salários.

A *perda de bens e valores* do condenado tem como teto (o que for maior) o montante do prejuízo causado ou do proveito obtido com o crime.

A *prestação de serviços à comunidade* (para substituir a pena de prisão superior a seis meses) consiste na realização de tarefas gratuitas pelo condenado em hospitais, escolas, creches etc. Para não prejudicar a jornada normal de trabalho, a pena é cumprida "à razão de uma hora de tarefa por dia de condenação".

A *interdição temporária de direitos* consiste na proibição de exercer cargo ou função pública, inclusive mandato eletivo, e de exercer determinadas profissões que dependem de habilitação especial; em suspensão da habilitação para dirigir veículo; e na obrigação de não freqüentar determinados lugares.

A *limitação de fim de semana* consiste na obrigatoriedade de permanecer aos sábados e domingos, por cinco horas diárias, em *casa de albergado* ou outro estabelecimento similar. A medida é criticada, primeiro, porque casas de albergado quase não existem e, depois, porque, onde elas existem, abrigam presos oriundos do sistema penitenciário, em regime aberto: seria inadequado "misturar espécies bem diversas de condenados, prejudicando a todos" (Delmanto, p. 91).

A substituição da prisão acontece quando a pena não é superior a quatro anos e o crime não foi cometido com violência ou grave ameaça contra pessoa, e quando, qualquer que seja a pena aplicada, a condenação é por crime culposo. O condenado não pode ser reincidente em crime doloso (só excepcionalmente, quando "socialmente recomendável"), e o juiz deve verificar, sempre, se a substituição, dadas as diversas particularidades do réu (antecedentes, personalidade etc.), é suficiente para a reprovação do crime cometido.

A pena de prisão igual ou inferior a um ano pode ser substituída por uma pena alternativa ou multa; a pena de prisão superior a um ano pode ser substituída por uma pena alternativa e multa ou por duas penas alternativas. A medida se converte em prisão se o condenado não cumpre as restrições impostas.

Existem outras medidas processuais que beneficiam os autores de crimes menos graves e impedem a prisão.

Para desafogar a Justiça Criminal, foram criados juizados especiais para o processamento de "infrações penais de menor potencial ofensivo", que, conforme a lei 9.099/95, são as contravenções e os crimes punidos com pena máxima não superior a um ano. Para eles, é admitida a transação penal. Se o acusado aceita o cumprimento imediato de pena de multa ou restritiva de direito, sem a instauração do processo e julgamento da causa, não corre o risco de perder a primariedade. A vantagem é que o réu primário (sem condenação anterior) recebe tratamento jurídico mais benévolo do que o reincidente (com condenação anterior).

A lei 10.259/01, em vigor desde 12 de janeiro de 2002, criou os juizados no âmbito da Justiça Federal e ampliou o limite da transação penal para crimes com pena máxima igual ou inferior a dois anos.

A lei 9.099/95 permite ainda que, no caso de infrações punidas com pena mínima de até um ano (lesões corporais graves, estelionato etc.), o Ministério Público proponha a suspensão do processo para réu que seja primário e não esteja sendo processado por outro crime.

Se o réu aceita a proposta e cumpre as exigências estabelecidas (reparar o dano causado à vítima, salvo impossibilidade de fazê-lo; proibição de freqüentar determinados lugares; proibição de se ausentar da comarca onde vive, salvo se autorizado pelo juiz; e comparecimento mensal obrigatório para dar conta de suas atividades), passado o prazo da suspensão (de dois a quatro anos), o processo se extingue sem julgamento, e o réu permanece primário. Se descumpre as exigências ou sofre ação penal por outro delito, o processo suspenso retoma o curso.

Como se vê, só extraordinariamente alguém acusado de um crime menos grave no Brasil deveria ser conduzido ao cárcere.

Fora do âmbito penal, existe a hipótese de prisão civil (sem rigor penitenciário) para devedores de pensão alimentícia e depositários infiéis. Seu objetivo, porém, não é punir, mas sim coagir o preso a cumprir suas obrigações. A incidência dessa modalidade de prisão é insignificante em termos quantitativos.

REGIME PENITENCIÁRIO

A Lei de Execuções Penais, editada em 1984, regulamenta o cumprimento das penas privativas de liberdade. Como é de nossa tradição imperial e republicana, há enorme distância entre realidade e regra.

A lei em questão determina que os condenados sejam "classificados segundo seus antecedentes e personalidade para orientar a individualização da execução penal". Os presos provisórios devem estar separados dos condenados, e os primários, dos reincidentes.

O programa de classificação é usualmente grosseiro, e, quando se recorda a mistura aleatória de presos e os milhares de condenados que cumprem pena em distritos policiais e outros lugares impróprios, verifica-se que a exigência legal não passa de ficção.

Ela promete alimentação, vestuário e instalações higiênicas, atendimento médico, assistência jurídica, assistência educacional e preservação dos direitos não atingidos pela perda da liberdade. Vejamos, no entanto, algumas das principais causas de rebelião nos presídios brasileiros: "deficiência da assistência judiciária", "violências ou injustiças praticadas dentro do estabelecimento prisional", "superlotação carcerária", "falta ou má qualidade da alimentação e de assistência médico-odontológica" (Azevedo, p. 11).

Os critérios de punição disciplinar estão fixados. Para faltas leves, médias e graves, existem penas de advertência, repreensão, suspensão ou restrição de direitos e isolamento. É proibido o uso de "cela escura". Há possibilidade de recompensas, "elogios" e "regalias". Mas o jogo da punição disciplinar é muitas vezes informal e escapa a qualquer forma de controle. A autoridade de um carcereiro ou de um diretor é incontestável para o preso, e basta a simples remoção de cela para condená-lo à morte ou à violência sexual.

Resolução do Conselho Nacional de Política Criminal e Penitenciária de 1999 reconhece a "visita íntima" como direito constitucional do preso (homem ou mulher). Recomenda que todos os presídios permitam, pelo menos, um encontro sexual do detento com seu parceiro por mês. Muitas prisões não obedecem. Para mulheres, o preconceito também dificulta a eficácia da medida. A "visita íntima" passou a ser admitida no Brasil em 1984, em São Paulo, e é fator de diminuição da violência sexual e da tensão no interior dos presídios.

Segundo a Lei de Execuções, o egresso (aquele que acaba de cumprir a pena) deve receber "orientação" do poder público, auxílio para obtenção de emprego e abrigo pelo prazo de dois meses.

Há três regimes penitenciários, e o cumprimento é, como regra, progressivo. É assim para que o preso tenha estímulo de bom comportamento.

A lei 8.072/90, porém, entre outros endurecimentos penais, eliminou a possibilidade de progressão de regime para os crimes hediondos (nela definidos) e para o tráfico de entorpecentes, o terrorismo e a tortura. Nesses casos, o condenado permanece todo o tempo em regime fechado, o que conspira contra a estabilidade interna das prisões: o fim do estímulo e da esperança de um tratamento benevolente, conforme o merecimento do preso, cria "dificuldades crescentes ou mesmo condições explosivas para as administrações prisionais" (Franco, p. 111).

O regime fechado é cumprido em estabelecimento de segurança máxima ou média. Abrigava, segundo o censo de 1997, a grande maioria dos presos brasileiros (77%). Por lei, deve proporcionar alojamento em cela individual, de área mínima de seis metros quadrados, com dormitório, instalação sanitária e lavatório e com trabalho durante o dia e isolamento durante a noite. Em tese, é admissível o trabalho externo, mas em obras públicas. Milhares de condenados não têm acesso a trabalho, estudo ou celas individuais.

O regime semi-aberto é cumprido em colônia agrícola, industrial ou "similar". A lei admite o alojamento coletivo. Conforme o censo penitenciário de 1997, 15% dos presos viviam sob esse regime. O juiz pode permitir atividades externas, como trabalho, freqüência a cursos profissionalizantes e visita à família, sem vigilância. Há decisões judiciais com o entendimento de que, na falta de vagas no sistema, o regime é substituído extraordinariamente pela prisão domiciliar.

O regime aberto se baseia na "autodisciplina e senso de responsabilidade do condenado". O preso trabalha sem vigilância e se recolhe à casa de albergado para dormir e passar os dias de folga. O regime se caracteriza pela "ausência de obstáculos físicos contra a fuga". Em sua falta, a pena acaba sendo cumprida na residência do condenado ou em compartimentos especiais de cadeias públicas e delegacias. O censo de 1997 indicava a existência no país de apenas 32 casas de albergado e de 5.627 presos em regime aberto.

O site do Ministério da Justiça na Internet informava (janeiro de 2002) a existência de 871 estabelecimentos prisionais no país, com 107.591 vagas no regime fechado, 18.698 no regime semi-aberto e 3.832 no regime aberto.[22]

O juiz, na sentença condenatória e de acordo com critérios objetivos e subjetivos contidos no Código Penal, fixa o regime inicial de cumprimento da pena, que evolui conforme o passar do tempo e o "mérito" do preso.

O condenado é submetido sempre a regime fechado inicial quando a pena é superior a oito anos. Quando não é reincidente e a pena é superior a quatro e inferior a oito anos, pode começar a cumprir a pena em regime semi-aberto. Quando a pena é inferior a quatro anos, o condenado não-reincidente pode começar a cumpri-la em regime aberto.

Para passar de um regime a outro (do fechado ao semi-aberto e deste ao aberto), o condenado deve cumprir pelo menos um sexto da pena no regime anterior. A transferência depende, sobretudo, de pareceres internos relativos a seu comportamento e de exame criminológico que verifica sua recuperação. Para passar para o regime aberto, o condenado deve comprovar trabalho ou promessa de emprego. O regime pode regredir se o condenado sofre outra condenação ou desobedece às exigências impostas.

O condenado se beneficia do livramento condicional depois de haver cumprido um terço da pena, se

---

[22] Ministério da Justiça, Departamento Penitenciário Nacional (www.mj.gov.br/Depen/sistema_brasil).

tem bons antecedentes e não é reincidente (condenação anterior) em crime doloso. Se é reincidente, o livramento condicional só é possível depois de cumprida metade da pena. O condenado deve comprovar "comportamento satisfatório", "bom desempenho no trabalho" e "aptidão para prover a própria subsistência com trabalho honesto" e deve ter reparado o dano, salvo impossibilidade de fazê-lo. Durante o livramento, são impostas condições, como obter ocupação lícita, recolher-se à residência em hora fixada e não freqüentar determinados lugares. Se sofrer outra condenação, voltará ao presídio.

Para casos de crime hediondo, tráfico de drogas, tortura e terrorismo, se o condenado não for reincidente em crimes dessa natureza, o livramento poderá ocorrer depois de cumpridos dois terços da sentença em regime fechado.

Quando o crime foi praticado com violência ou grave ameaça, o benefício do livramento condicional fica subordinado, ainda, "à constatação de condições pessoais que façam presumir que o liberado não voltará a delinqüir".

Existe ainda o princípio de que o preso em regime fechado ou semi-aberto pode "remir" o tempo de prisão pelo trabalho, à razão de um dia de pena por três dias de trabalho. Assim, um condenado que trabalhar 90 dias abaterá 30 dias de prisão.

Mulheres presas devem ser alojadas em estabelecimentos adequados, com seção para gestantes e parturientes e com creche.

No Brasil não há prisão perpétua. Ninguém poderá permanecer preso por mais de 30 anos – mesmo que o condenado tenha mais de 30 anos a cumprir. Se o preso tem mais de uma condenação, suas penas são unificadas pelo juiz das execuções. A pena unificada serve para calcular a progressão de um regime para outro e para efeitos de livramento. Mas há divergências. A jurisprudência dominante tem entendido que um condenado com sentenças totalizando 200 anos de prisão permanecerá os 30 anos em regime fechado e jamais alcançará o requisito objetivo do livramento condicional.

Importante mencionar, ainda, os hospitais de custódia e tratamento psiquiátrico, destinados à internação de infratores que, por doença ou deficiência mental na época do crime, não são conduzidos à penitenciária, e também para presos com doença mental adquirida durante o cumprimento da pena. Ficam sob a autoridade médica e passam a depender de exame psiquiátrico para readquirirem a liberdade – a internação pode se perpetuar.

O censo de 1997 indicava 2.003 presos com medida de segurança; o site do Departamento Penitenciário Nacional (Depen), do Ministério da Justiça, registrava nos primeiros dias de janeiro de 2002 a existência de 8.787 detentos sob esse regime. Se as informações são corretas, sua aplicação cresceu vertiginosamente no país.

Fugir ou tentar fugir da prisão não é, por si só, um crime. É apenas uma infração de caráter disciplinar (falta grave). Entende-se que a busca da liberdade, por ser natural ao homem, não pode ser criminalmente reprimida. Contudo, se o preso praticar um ato de violência contra alguém durante a fuga, será punido com detenção de três meses a um ano, além da pena prevista para a própria violência (lesão corporal, homicídio etc.). Ajudar ou facilitar a fuga de um preso é crime: a pena varia conforme a gravidade da ação. O Código Penal pune também o motim de presos (detenção de seis meses a dois anos).

PERFIL DO PRESO BRASILEIRO

Como advertem vários pesquisadores citados neste livro, as estatísticas brasileiras sobre crime e sistema penitenciário são extremamente precárias.

O censo penitenciário de 1995 não esclarecia, por exemplo, a natureza dos crimes cometidos por 71.904 presos (incluídos no levantamento sob a rubrica "sem inf."), num universo de 148.760, nem especificava casos de condenação por mais de um crime pelo mesmo prisioneiro.

As deficiências foram reconhecidas pelo próprio Ministério da Justiça na publicação do censo de 1997, referente a 1996, o último publicado até 31 de dezembro de 2001 (apesar da prometida periodicidade de dois anos). Os registros oficiais devem ser vistos com cautela, mas são, de qualquer forma, instrumentos importantes para esboçar o perfil do preso brasileiro – muito pouco conhecido.

A grande maioria da massa prisioneira era formada de homens. Apenas 4% eram mulheres. A proporção só se modifica quando se observa o pequeno universo de estrangeiros encarcerados (1% do total, na maior parte latino-americanos e africanos): cerca de 21% eram mulheres, a maioria detidas por tráfico de entorpecentes.

Os números chamam a atenção para a aparente existência de milhares de prisioneiros para os quais, em rigor, a prisão era inadequada. Indicavam que pelo menos 2.759 presos foram punidos por porte de drogas para uso próprio, mil foram encarcerados em virtude de penas inferiores a um ano, 2.341 tinham condenações fixadas entre um e dois anos e 12.360 tinham pena de prisão que variava de dois a quatro anos.

Quanto à cor da população presa, o censo revelava 48% de "brancos", 30% de "mulatos" e 17% de "negros".

A maioria dos presos cumpria pena por roubo (34,01%). Em seguida, vinham homicídios (16,02%), tráfico de entorpecentes (14,18%) e furto (5,39%). No Rio de Janeiro e em estados de fronteira (Acre, Amazonas, Mato Grosso do Sul e Rondônia), o quadro tendia a se modificar: neles, segundo o censo de 1995 (que, como dito, não indicava o crime cometido por milhares de prisioneiros), o número de traficantes presos era superior ao de homicidas.

Em trabalho sobre a evolução do perfil da população carcerária do estado de São Paulo, a maior do país, Kahn informa que, em 1996, a maioria absoluta dos presos era composta de pessoas com até 30 anos de idade (32% entre 18 e 25 anos, 26% entre 26 e 30 anos), o que se explica pelo maior número de jovens na sociedade e pelas "dificuldades que enfrentam para adentrar no mundo do trabalho".

Demonstra que, ao contrário do que se costuma afirmar preconceituosamente, a população carcerária paulista não é formada em grande parte de migrantes nordestinos. A maioria absoluta dos presos, desde os anos 50, é nascida no próprio estado.

O mesmo resultado se encontra na pesquisa realizada pelo Datafolha na Casa de Detenção em 1991; a pesquisa revela ainda que 11% dos prisioneiros entrevistados que nasceram fora de São Paulo foram detidos até um ano depois de terem migrado e que 19% deles foram presos depois de um intervalo de tempo que variava de um a cinco anos após a mudança de residência.

As taxas de reincidência no estado de São Paulo são uma evidência do fracasso do sistema punitivo: nos anos 50, cerca de 70% dos presos eram primários (sem condenação anterior); em 1996, o número era de 53%.

A taxa de reincidência penitenciária (relativa ao preso que cumpriu a pena e voltou a ser preso para cumprimento de nova condenação) era de 31% (Kahn).

O estudo confirma a percepção geral de que a prisão é destinada a pobres. Cerca de 44% dos habitantes do sistema carcerário paulista em 1996 "não tinham profissão definida no momento anterior à prisão", e 42% estavam desempregados.

O grau de escolaridade é também revelador: 7% de analfabetos, 15% de "apenas alfabetizados" e 60% com primário incompleto.

Kahn levanta a hipótese de a criminalidade não ser "um comportamento típico dos totalmente excluídos do sistema produtivo (analfabetos, miseráveis), mas de camadas que passaram por um grau mínimo de escolarização": a "privação relativa – fator criminógeno freqüentemente mais importante do que privação absoluta – seria um elemento importante na indução ao comportamento criminoso".

3. CONTROVÉRSIAS

PRIVATIZAÇÃO

A privatização de presídios foi implantada nos EUA a partir da década de 1980, quando as penitenciárias estavam superlotadas, a Justiça exigia adequação do número de vagas ao número de presos e não havia recursos para gerenciar e construir novos presídios. Foi introduzida também em países como Austrália, França e Inglaterra, mas é nos EUA que o processo se revela mais vigoroso.

O poder público vem inserindo a iniciativa privada no sistema prisional porque, além da capacidade alternativa de financiamento, ela tem experiência na gestão de empresas de segurança e operações hoteleiras. Os empresários prometem não apenas eficiência administrativa e economia de recursos públicos, mas também condições objetivas para que os condenados se regenerem.

Se a idéia é à primeira vista sedutora, as conseqüências políticas, nem tanto..

Como mostra Minhoto, a chamada privatização do sistema penitenciário envolve modelos diversos de atuação e experiências restritas.

Há basicamente quatro modelos de intervenção: a empresa financia a construção e arrenda o estabelecimento para o Estado por determinado número de anos (30, por exemplo), diluindo-se os custos ao longo do tempo; a empresa transfere unidades produtivas para o interior de presídios e administra o trabalho dos presos; a empresa apenas fornece serviços terceirizados no âmbito da educação, saúde, alimentação etc.; e, por fim, a forma mais radical, a empresa gerencia totalmente o presídio, conforme regras ditadas pelo poder público, sendo remunerada com base num cálculo que leva em consideração o número de presos e o número de dias administrados.

No Brasil, há pressões políticas mais amplas de privatização, mas as experiências são, por enquanto, localizadas. Dois estabelecimentos foram criados como protótipos, a Penitenciária Industrial de Guarapuava (240 presos), no Paraná, e a Penitenciária Regional Industrial do Cariri (160 presos), no Ceará. As duas penitenciárias são administradas pela Humanitas Administração Prisional S/C Ltda., constituída por duas conhecidas empresas de segurança patrimonial, que se encarregam da prestação de todos os serviços (recursos humanos, segurança, alimentação etc.). Essas penitenciárias abrigam presos de bom comportamento, que trabalham em oficinas instaladas por indústrias locais.[23]

---

[23] Para uma visão positiva da experiência, ver "Presídios Administrados Pela Iniciativa Privada", em *Jornal da Segurança Patrimonial*, edição 79 (www.jseg.net/repo1). Para uma visão crítica, ver Laurindo Dias Minhoto, "Privatização à Brasileira", em *Diálogos e Debates*, dezembro 2001.

Nos EUA, além de diversos exemplos de financiamento e arrendamento, a gestão direta de prisões pelas empresas atinge a chamada "ponta leve" do sistema carcerário, na qual, com raras exceções, não se incluem estabelecimentos que exigem grau mais elevado de segurança. É o caso de prisões para a criminalidade juvenil, normalmente de dimensões reduzidas; de prisões para imigrantes ilegais (há motéis convertidos em centros de detenção federal em vários estados do país); de prisões de adultos em que os prisioneiros estão próximos da liberdade condicional; e de prisões municipais (*jails*), destinadas principalmente a presos à espera de julgamento.

Em 30 de junho de 2000, segundo o Departamento de Justiça dos EUA, 76.010 prisioneiros estavam em prisões federais e estaduais operadas pela iniciativa privada (5,5% do total); 14.339 deles, no Texas. Em alguns estados, a proporção era elevada: Novo México (41%), Alasca (34%), Montana (32%), Oklahoma (29%). A tendência é de crescimento. Em 31 de dezembro de 1999, o número de presos em prisões privatizadas era 69.693 (5,1% do total).[24]

O resultado para as firmas tem sido promissor. A Corrections Corporation of America (CCA), uma das empresas que dominam o mercado, faturou US$ 206 milhões entre janeiro e setembro de 1996, com lucro líquido de US$ 21,2 milhões (Minhoto, p. 25).

Se a participação da iniciativa privada no sistema carcerário, com o natural objetivo de lucro, parece uma tendência irrecusável, por oferecer serviços que o poder público vem prestando sem eficiência, a gestão total dos estabelecimentos é vista com desconfiança, em virtude da natureza indelegável da pena criminal.

---

[24] Beck e Karberg, op. cit. (www.ojp.usdoj.gov/bjs/).

A prisão é, sem dúvida, a intervenção mais drástica do Estado na vida do indivíduo, razão pela qual sua incidência está formalmente cercada de garantias. Envolve não apenas a privação da liberdade de locomoção, mas também a eliminação de outros direitos a ela inerentes, a imposição de regimes disciplinares etc.; e tudo isso, segundo os críticos, não pode ser dimensionado com base em critérios de custo e rentabilidade.

O argumento decisivo contra a gestão privada das prisões é a inevitável criação, no Parlamento e nos governos, de focos de influência empresarial na formulação das políticas públicas de combate ao crime.

Se a remuneração do empresário corresponde, em grande medida, ao número de presos submetidos ao gerenciamento, desenvolvem-se grupos de pressão poderosos, com interesses econômicos nitidamente voltados para o endurecimento penal: quanto mais detentos, maior a lucratividade e a capacidade de expansão dos negócios.

Num país como o Brasil – de fato carente de recursos para construir e adequar penitenciárias –, a gerência da iniciativa privada é ainda mais temerária. As relações entre o poder público e as empresas são ditadas pelos vícios da corrupção, da falta de transparência e do favorecimento. Não é raro, por exemplo, que governantes deixem de cumprir obrigações contratuais com empreiteiras e prestadoras de serviços. A prática é tolerada pelos empresários, diante da perspectiva de contratos futuros; é habitual, aliás, o mecanismo sorrateiro de se agregarem valores aos contratos para compensar o risco de atrasos no pagamento. Essa situação, tendo em vista o destino de milhares de prisioneiros, é algo que se afigura desastroso.

AGENDA POLÍTICA

Para reverter o quadro de miséria hoje preponderante nos presídios, é preciso incluir o presidiário na agenda política nacional e conferir um caráter de transparência às prisões. A cantiga popular russa, transcrita em *Recordações da Casa dos Mortos*, de Dostoievski, "ninguém vê por trás dos muros como vivemos aqui..." (p. 208), ainda vale para as prisões em geral.

É preciso romper preconceitos.

Por que não exigir dos governadores e tribunais, sob pena de responsabilidade, a informatização e o levantamento correto de dados sobre crimes e prisioneiros, conforme metodologia científica internacionalmente recomendada?

Por que não estabelecer que em todos os municípios onde há penitenciária seja eleito pelo Legislativo local um *ombudsman*, com mandato, remuneração, direito irrestrito de acesso e poder/dever de fiscalizar?

Por que tratar todos os movimentos internos de associação ou reivindicação como subversivos à ordem dos presídios? O crime organizado já domina em parte as penitenciárias brasileiras. Por que não incentivar movimentos pacíficos como alternativa comportamental?

Por que não conceder ao preso o direito político de voto, hoje subtraído como conseqüência da condenação criminal definitiva? O veto atinge até o preso provisório, que, formalmente, não está impedido de votar pela Constituição de 1988.

A origem do confisco está em legislações antigas que promoviam a "morte civil" dos réus. Nega-se hoje o direito de voto porque o preso, suscetível à pressão de carcereiros e governantes, não teria a liberdade de escolha. Outras justificativas são de ordem moral (o condenado não teria a virtude necessária para o exercício da cidadania) e de ordem prática (dificuldades relacionadas com o recolhimento dos votos).

Mas o confisco do direito de votar não contribui para a regeneração do preso; pelo contrário, acentua ainda mais sua marginalidade. O risco de pressão ("voto de cabresto"), existente também em pequenas comunidades, pode ser evitado pela simples fiscalização dos partidos políticos. O país tem experiência e tecnologia suficientes para criar um regulamento eleitoral próprio a presidiários.

No passado, o direito de voto não era admitido para mulheres, menores de 18 anos e analfabetos. E os argumentos para a exclusão não eram muito diferentes...

Segundo as organizações The Sentencing Project e Human Rights Watch, presos podem votar em países tão diversos como Dinamarca, França, Israel, República Checa, Peru, Polônia, Romênia e Quênia.[25]

No Brasil, o número de prisioneiros equivale ao número de eleitores de muitas cidades. A participação política é pedagógica. Os governos, os partidos e os candidatos passariam, pelo menos, a se interessar pela vida no interior dos presídios.

A PRISÃO DEFORMA

Depois de mais de 200 anos de experiências, prevalece o sentimento de que a prisão não recupera, dege-

---

[25] The Sentencing Project e Human Rights Watch, op. cit. (www.hrw.org/reports98/vote).

nera. Limpa ou imunda, transbordando de pessoas ou adequadamente ocupada, próxima ou distante, pública ou privada, a prisão é vista como um mal, muitas vezes inútil.

Com efeito, não há quem aponte, hoje, aspectos positivos do cárcere relacionados com o desenvolvimento humano. A prisão existe por ser necessária, porque ainda não se encontrou o que pôr em seu lugar... É, na ironia fina de Foucault, a "detestável solução de que não se pode abrir mão" (p. 208).

Grande parte dos seres humanos, levados a uma instituição supostamente preparada para retificar-lhes o caráter e reeducá-los para a convivência social, volta a delinqüir quando readquire a liberdade. E os que não reincidem em práticas criminosas não se "emendaram" pela simples circunstância de terem permanecido presos.

O cárcere é uma instituição totalitária, que, com o passar do tempo, deforma a pessoa e acentua seus desvios morais. Os Códigos costumam assegurar aos presos direitos que não são inerentes à perda da liberdade, mas eles vivem num mundo em que desaparecem os valores que existiam em seu meio, desde a opção sexual até qualquer outra iniciativa pessoal que não se enquadre nos estreitíssimos limites de um regulamento que tem por objetivo castrar, inibir. A condição de encarceramento pode até ser melhorada; mas, na essência, a prisão continuará a mesma, um atentado à condição humana.

Qualquer modalidade de prisão envolve distorções. Se o isolamento é cruel, a "coabitação obrigatória" é um sofrimento moral que não escapou à percepção de Dostoievski: "não poderia conceber nunca o tormento espantoso de não poder ficar só – um minuto que fosse" (p. 43).

Nas penitenciárias, não há liberdade de expressão, o que, no entender de Goffman, favorece impulsos de conspiração. Não há privacidade também. A correspondência é censurada. Os familiares são tratados como cúmplices e submetidos a revistas humilhantes, o que estimula o afastamento paulatino. As relações afetivas anteriores são praticamente destruídas pelas barreiras impostas pela segregação. Os vínculos externos do detento são escassos e, ainda assim, combatidos.

O comandante da Academia de Polícia Militar do Barro Branco (São Paulo) sugeria as seguintes providências de caráter restritivo para a solução da crise carcerária no Brasil, logo após a super-rebelião de fevereiro de 2001: "proibição de visitas de crianças, exceto sem contato algum com os presos", "proibição de visitas íntimas", "limitação de visitas, em quantidade de pessoas, em tempo de duração e em periodicidade", "monitoração visual e sonora das visitas", "proibição de recepção de alimentos para estocagem na cela" e "uso obrigatório de uniforme prisional".[26]

Parecem existir, como na *Casa dos Mortos* de Dostoievski – mais uma vez, é o caso de citá-lo –, a necessidade e o impulso de "esmagar alguém, retirar qualquer coisa, de suprimir um direito" (p. 218), de anular a identidade dos presos.

As relações entre guardas e prisioneiros são normalmente tensas. Goffman explica que as instituições totais atingem controlador e controlado. Um é feito para o outro. Ambos são obrigados a dividir o mesmo ambiente. Um e outro sentem-se ameaçados. Tendem a "conceber o outro através de estereótipos limitados e

---

[26] "A Falência do Sistema Carcerário no Brasil". Em: *Revista Catolicismo*, abril 2001 (www.lepanto.org.br/NotPrisão).

hostis" (p. 19). Uns não merecem confiança nem atenção, outros são vistos como arbitrários e mesquinhos.

A única alternativa do preso é obedecer, sob pena de punição disciplinar, e os critérios de punição são informais, subjetivos, soberanos. Reclamar a alguém do tratamento recebido pode significar retaliação futura e silenciosa.

"Eu sou a Suprema Corte", afirmaria em entrevista o administrador de um centro privatizado de detenção de imigrantes em Houston, no Texas. Há o relato de espancamento de jovens criminosos nos EUA, em 1985, por terem se esquecido de pronunciar a palavra *sir* ("senhor", em inglês) quando se dirigiram a seus carcereiros (Minhoto, p. 61 e 88).

No Brasil, o famoso e jovem seqüestrador da filha de Sílvio Santos, Fernando Dutra Pinto, morto em circunstâncias suspeitas em janeiro de 2002, teria sido espancado um mês antes, com canos de ferro, por não tratar de "senhor" o diretor da prisão. O episódio não foi apurado na época, segundo versão oficial, porque a vítima do espancamento não quis...[27]

O equilíbrio das penitenciárias é mantido por força de concessões de privilégios e tolerâncias que acabam estabelecendo focos de poder capazes de submeter todos a uma nova e inevitável rede de violência. A corrupção funcional encontra campo para se desenvolver. O abuso sexual alcança principalmente os mais jovens. Grupos rivais dividem os territórios, delimitados sob pena de morte: exigem lealdade e pagamentos. Cultiva-se, sobretudo, o ódio.

Cumprida a pena, o estigma da prisão acompanha e isola o condenado. Não há perspectiva visível

---

[27] *O Globo*, 5/1/2002, p. 4, "Dutra Pinto apanhou com canos de ferro".

de emprego, sobretudo na economia competitiva de hoje. Quanto mais tempo atrás das grades, distante da dinâmica do mundo real, mais profunda a desadaptação e mais previsível o retorno à criminalidade.

É assim em qualquer canto do mundo.

OUTRAS PRISÕES, MENOS PRESOS

Se a prisão degenera, não há quem sugira um cenário sem sua presença: os índices de criminalidade e a necessidade de segregar delinqüentes perigosos, capazes de matar, assaltar, seqüestrar, extorquir etc., conspiram contra essa utopia. Mas a prisão pode ser estrategicamente reservada para situações em que a liberdade do condenado constitui ameaça concreta, quando não há alternativa possível.

Curiosamente, os dois países com maior taxa de encarceramento, os EUA e a Rússia, praticam atualmente políticas opostas. Enquanto os EUA mantêm crescente o número de presos, a Rússia, empobrecida após o colapso soviético e obrigada a se adequar às exigências européias, procura esvaziar suas prisões, extremamente desumanas.

O esforço institucional envolve reformas legislativas e sucessivos decretos de anistia. Moscou estimava libertar 350 mil presos durante o ano de 2001,[28] um número superior à população carcerária brasileira. O fato é que, em janeiro de 2000, havia 1,06 milhão de prisioneiros na Rússia, uma taxa de encarceramento de 728

---

[28] *Folha de S.Paulo*, 21/1/2001, p. A-16, "Rússia Deve Libertar um Terço de Sua População Carcerária".

para cada grupo de 100 mil habitantes. Em dezembro, o número de presos caíra para 912 mil, e a taxa de encarceramento para 630, enquanto os EUA assumiam a liderança mundial, com 725.[29]

Um dos desafios do Brasil é justamente elaborar uma política criminal que delimite com clareza e racionalidade o futuro de suas prisões. Apesar de avanços recentes, relacionados com a punição de delitos menos graves, a tendência das autoridades, pressionadas pela opinião pública e pela mídia, tem sido a de recrudescer.

Nesse contexto, a progressividade do regime carcerário, entre outros aspectos da legislação em vigor, é vista como sinônimo de impunidade. Há inconformismo com a perspectiva de o condenado deixar o cárcere antes de encerrar a pena prevista na sentença.

Se o homicídio passional, por exemplo, merece dura resposta do poder público, seu autor é o que se pode designar de delinqüente ocasional: protagonista de uma tragédia, por via de regra não voltará a praticar crimes; não há necessidade de mantê-lo durante todo o período de cumprimento da pena em regime fechado. Por outro lado, nem todos os condenados por tráfico de drogas necessitariam estar presos: um garoto de 18 anos que fornece um punhado de maconha para um amigo de 17 não merece, nem é adequado que receba, tratamento semelhante ao que se destina aos participantes do crime organizado.

Em vez de delegar ao juiz o exame dos casos concretos e a aplicação do regime próprio à personalidade do réu, a lei que cuida dos crimes hediondos estipula uma intransigente igualdade para pessoas e situações absolutamente diversas.

---

[29] Moscow Center for Prison Reform (www.prison.org).

O sentimento de impunidade que percorre todos os estratos sociais também estimula os tribunais a agir com rigor acentuado, muitas vezes maior do que o próprio espírito da lei. Jovens "trombadinhas" estão sendo punidos como assaltantes violentos e ameaçadores: vão para a prisão, de onde saem depois de alguns anos sem perspectiva, agora, sim, preparados para agir como assaltantes violentos e ameaçadores. Para aumentar penas e impedir que um réu se beneficie de regime carcerário mais favorável, o assaltante que usa arma de brinquedo é equiparado ao assaltante que usa arma de verdade (apesar de uma ser indiscutivelmente menos perigosa do que a outra), tentativas de roubo são tratadas como crimes consumados etc.

O resultado desse processo é a existência de milhares de pessoas encarceradas que poderiam estar, em virtude da idade e de vínculos familiares ainda presentes, sob o foco de outras modalidades de controle estatal. É muito mais barato instituir programas de monitoramento eficazes de condenados do que construir presídios.

Julita Lemgruber estima que o custo da manutenção de condenados por crimes não-violentos em presídios brasileiros (cerca de 30%) seria suficiente para construir 54 mil casas populares por ano. Calcula-se que, no Brasil, cada detento custe em média R$ 750,00 por mês (Lemgruber, p. 19).

Em termos econômicos, é preciso concentrar a atenção do sistema para condenados efetivamente perigosos.

Lemgruber também define como mito a sensação de que a Justiça Criminal inibe a criminalidade. Lembra que os EUA praticam uma política criminal extremamente rígida, sem paralelo nos países desenvolvidos, e que, no entanto, em 1995 aconteceram mais homicídios em Los Angeles do que em toda a Inglaterra e País de Gales.

Menciona ainda pesquisas de "vitimização" (levantamento que tem por finalidade verificar, por amostragem, o número, a circunstância e o tipo dos crimes de que as pessoas foram vítimas em determinado período, se os casos foram ou não comunicados à polícia etc., para depois comparar tais dados com o número de crimes conhecidos e esclarecidos) que indicam que, em 1994, apenas 3% dos crimes violentos resultaram em pena de prisão nos EUA (p. 5).

No Brasil, pesquisas desse tipo não têm sido realizadas com abrangência nacional nem com o mesmo rigor metodológico, mas o grau de impunidade aqui é, por certo, muito mais alarmante: basta a lembrança de que a polícia não está equipada para investigar nem goza de credibilidade junto à população.

Pode-se argumentar que os índices encontrados nos EUA talvez fossem mais desfavoráveis ainda sob um regime punitivo liberal, mas a raiz do crime é, em rigor, muito mais complexa. O essencial é perceber que mesmo o mais sofisticado sistema de repressão criminal contemporâneo não é capaz de reverter o quadro de violência.

Isto é matéria para outro livro, mas o problema da segurança pública – cada vez mais grave no Brasil – não se resolverá com a adoção de um regime utópico de "tolerância zero", como desejam nossas elites e costumam prometer os candidatos durante os debates eleitorais. Não há perspectiva de melhoria nesse campo sem a implementação de uma série de políticas que envolvem desde medidas aparentemente singelas, como iluminação pública e criação de áreas de lazer para a população periférica, até reformas muito profundas, voltadas para reverter o processo de exclusão econômica e aperfeiçoar as instituições policiais e judiciárias.

Quando se observam os índices de desemprego, habitação, escolaridade e distribuição de renda no país; quando se verifica que, na cidade do Rio de Janeiro, 24% dos jovens favelados (entre 15 e 24 anos) são "inativos" (não trabalham, não estudam nem procuram emprego),[30] vê-se que medidas destinadas pura e simplesmente ao endurecimento penal não serão capazes de resolver o problema.

Especificamente no campo das prisões, além de prender com mais critério, de libertar prisioneiros não-perigosos (para quem a prisão é desnecessária, fazendo com que o efeito de penas alternativas seja eficaz), de oferecer assistência judiciária e, sobretudo, de obedecer aos mandamentos da Lei de Execuções Penais, o Brasil precisa modernizar o sistema penitenciário e criar vagas para, pelo menos, aliviar o quadro de miséria, tensão e violência que hoje predomina em suas cadeias, de norte a sul, de leste a oeste.

No senso comum, há forte resistência à melhoria das condições carcerárias: como grande parcela da população brasileira, não-delinqüente, sofre sérias privações materiais, não faria sentido conceder "privilégios" a presos, tratá-los a "pão-de-ló", eles que merecem punição...

Mas, se a pena é um sofrimento imposto ao condenado como retribuição do Estado ao crime cometido (Bettiol), seus impactos destrutivos e extralegais não podem prevalecer, sob pena de reverterem na forma de mais ameaça à segurança pública.

Do ponto de vista ético e pedagógico, como exigir o cumprimento da lei, o respeito à propriedade e à vida, sob pena de prisão, se as leis (ora, as leis...) vêm sendo sistematicamente ignoradas há 180 anos

---

[30] *Folha de S.Paulo*, 20/01/2002, p. C-4, "24% dos Jovens Favelados São Inativos".

pelas próprias autoridades, por governadores e magistrados, que só em dia de rebelião, fuga em massa ou massacre desviam o olhar para os milhares de prisioneiros amontoados e ociosos? Como implementar uma política de "tolerância zero" ao crime se, em relação aos presos, a tolerância aos maus-tratos é infinita?

Se o rigor penal praticado nos EUA desperta encantamento no Brasil, muito embora o encarceramento de milhões de pessoas não seja, aparentemente, algo capaz de suscitar sentimentos de orgulho, medidas que aquele país adota para a melhoria das condições carcerárias não geram aqui entusiasmo.

Assim, a intervenção judicial foi um dos fatores determinantes da reversão do quadro de superlotação dos presídios norte-americanos. Em 1984, 22% das cadeias locais estavam sob ordem de expansão da capacidade ou de redução do número de detentos; em 1987, 60% dos estados foram ordenados pelo Judiciário a reduzir a lotação das penitenciárias; em 1989, 40 estados receberam determinações no mesmo sentido (Minhoto, p. 54).

No Brasil, parece haver, apenas, uma silenciosa cumplicidade: o que importa é prender, é limpar as esquinas.

BIBLIOGRAFIA

Luis Jiménez de Asúa, *Tratado de Derecho Penal.* Buenos Aires: Losada, 1964; t. I.

Cesare Beccaria, *Dos Delitos e das Penas.* Trad. Paulo M. Oliveira. São Paulo: Atena, 1959.

Giuseppe Bettiol, *Direito Penal.* Trad. Paulo José da Costa Jr. e Alberto Silva Franco. São Paulo: Revista dos Tribunais, 1976; v. 3.

Bíblia de Estudo de Genebra. São Paulo/Barueri: Cultura Cristã/SBB, 1999.

Cezar Roberto Bitencourt, *Falência da Pena de Prisão – Causas e Alternativas.* São Paulo: Revista dos Tribunais, 1993.

Adriano Campanhole e Hilton Lobo Campanhole, *Constituições do Brasil.* São Paulo: Atlas, 1984.

Censo Penitenciário de 1995. Brasília: Departamento Penitenciário Nacional, Ministério da Justiça, 1996.

Censo Penitenciário de 1997. Brasília: Departamento Penitenciário Nacional, Ministério da Justiça, 1998.

Celso Delmanto et al., *Código Penal Comentado*. São Paulo: Renovar, 2000.

Fiodor M. Dostoievski, *Recordações da Casa dos Mortos*. Trad. Rachel de Queiroz. Rio de Janeiro: José Olympio, 1952.

René Ariel Dotti, *Bases e Alternativas Para o Sistema de Penas*. São Paulo: Revista dos Tribunais, 1998.

Michel Foucault, *Vigiar e Punir*. Trad. Ligia M. Pondé Vassallo. Petrópolis: Vozes, 1977.

Alberto Silva Franco, *Crimes Hediondos*. São Paulo: Revista dos Tribunais, 1992.

Heleno Fragoso, *Lições de Direito Penal: a Nova Parte Geral*. Rio de Janeiro: Forense, 1986.

Erving Goffman, *Manicômios, Prisões e Conventos*. São Paulo: Perspectiva, 1974.

José Alipio Goulart, *Da Palmatória ao Patíbulo (Castigo de Escravos no Brasil)*. Rio de Janeiro: Conquista, 1971.

Thomaz H. Holloway, *Polícia no Rio de Janeiro: Repressão e Resistência Numa Cidade do Século XIX*. Trad. Francisco de Castro Azevedo. Rio de Janeiro: Ed. da FGV, 1997.

Tulio Kahn, "Sistema Penitenciário: Mudança de Perfil dos Anos 50 aos 90". Em: *Revista do Ilanud (Instituto Latino-Americano das Nações Unidas Para a Prevenção do Delito e Tratamento do Delinqüente)*, n. 6. São Paulo, s.d.

Julita Lemgruber, "Controle da Criminalidade: Mitos e Fatos". S.n.t.

João Benedito de Azevedo Marques, "Gerenciamento de Crises no Sistema Prisional". *Revista do Ilanud (Instituto Latino-Americano das Nações Unidas Para a Prevenção do Delito e Tratamento do Delinqüente)*, n. 5. São Paulo, 1999.

Laurindo Dias Minhoto, *Privatização de Presídios e Criminalidade*. São Paulo: Max Limonad, 2000.

Pesquisa: a Casa de Detenção de São Paulo. São Paulo: Datafolha, maio de 1991.

José Henrique Pierangelli, *Códigos Penais do Brasil: Evolução Histórica*. Bauru: Jalovi, 1980.

Manoel Pedro Pimentel, *O Crime e a Pena na Atualidade*. São Paulo: Revista dos Tribunais, 1983.

Relatório da II Caravana Nacional de Direitos Humanos: Sistema Prisional Brasileiro. Brasília: Comissão de Direitos Humanos da Câmara dos Deputados, setembro de 2000.

Guilherme S. Rodrigues, *Código de Cela: o Mistério das Prisões*. São Paulo: WVC, 2001.

David J. Rothman, "Perfecting the Prison: United States, 1789-1865". Em: Morris Norval e David J. Rothman (eds.), *The Oxford History of the Prison*. New York: Oxford University Press, 1995.

Edgardo Rotman, "The Failure of Reform: United States, 1865-1965". Em: Morris Norval e David J. Rothman (eds.), *The Oxford History of the Prison*. New York: Oxford University Press, 1995.

A.J.R. Russell-Wood, *Fidalgos e Filantropos: a Santa Casa de Misericórdia da Bahia, 1550-1755*. Trad. Sérgio Duarte. Brasília: Ed. da UnB, 1981.

Fernando Salla, *As Prisões em São Paulo: 1822-1940*. São Paulo: Annablume, 1999.

Percival de Souza, *A Prisão: Histórias dos Homens Que Vivem no Maior Presídio do Mundo*. São Paulo: Alfa-Ômega, s.d.

Vivien Stern, *A Sin Against the Future – Imprisonment in the World*. Boston: Northeastern University Press, 1998.

Drauzio Varella, *Estação Carandiru*. São Paulo: Companhia das Letras, 1999.

SOBRE O AUTOR

Luís Francisco Carvalho Filho, formado pela Faculdade de Direito da USP em 1980, é advogado criminal, articulista do jornal *Folha de S.Paulo* e membro da Comissão Especial de Mortos e Desaparecidos Políticos, instituída pela lei 9.140/95. Foi assessor técnico da Secretaria da Justiça de São Paulo (1983-5), na época responsável pela gestão do sistema penitenciário, e membro do Conselho Federal de Entorpecentes (1985-7). Diretor da Biblioteca Municipal Mário de Andrade (São Paulo), é autor de *O Que É Pena de Morte* (São Paulo: Brasiliense, 1995) e *Nada Mais Foi Dito nem Perguntado* (ficção; São Paulo: Ed. 34, 2001).

FOLHA
EXPLICA

Folha Explica é uma série de livros breves, abrangendo todas as áreas do conhecimento e cada um resumindo, em linguagem acessível, o que de mais importante se sabe hoje sobre determinado assunto.

Como o nome indica, a série ambiciona *explicar* os assuntos tratados. E fazê-lo num contexto brasileiro: cada livro oferece ao leitor condições não só para que fique bem informado, mas para que possa refletir sobre o tema, de uma perspectiva atual e consciente das circunstâncias do país.

Voltada para o leitor geral, a série serve também a quem domina os assuntos, mas tem aqui uma chance de se atualizar. Cada volume é escrito por um autor reconhecido na área, que fala com seu próprio estilo. Essa enciclopédia de temas é, assim, uma enciclopédia de vozes também: as vozes que pensam, hoje, temas de todo o mundo e de todos os tempos, neste momento do Brasil.

1	MACACOS	Drauzio Varella
2	OS ALIMENTOS TRANSGÊNICOS	Marcelo Leite
3	CARLOS DRUMMOND DE ANDRADE	Francisco Achcar
4	A ADOLESCÊNCIA	Contardo Calligaris
5	NIETZSCHE	Oswaldo Giacoia Junior
6	O NARCOTRÁFICO	Mário Magalhães
7	O MALUFISMO	Mauricio Puls
8	A DOR	João Augusto Figueiró
9	CASA-GRANDE & SENZALA	Roberto Ventura
10	GUIMARÃES ROSA	Walnice Nogueira Galvão
11	AS PROFISSÕES DO FUTURO	Gilson Schwartz
12	A MACONHA	Fernando Gabeira
13	O PROJETO GENOMA HUMANO	Mônica Teixeira
14	A INTERNET	Maria Ercilia
15	2001: UMA ODISSÉIA NO ESPAÇO	Amir Labaki

16 A CERVEJA — Josimar Melo
17 SÃO PAULO — Raquel Rolnik
18 A AIDS — Marcelo Soares
19 O DÓLAR — João Sayad
20 A FLORESTA AMAZÔNICA — Marcelo Leite
21 O TRABALHO INFANTIL — Ari Cipola
22 O PT — André Singer
23 O PFL — Eliane Cantanhêde
24 A ESPECULAÇÃO FINANCEIRA — Gustavo Patu
25 JOÃO CABRAL DE MELO NETO — João Alexandre Barbosa
26 JOÃO GILBERTO — Zuza Homem de Mello
27 A MAGIA — Antônio Flávio Pierucci
28 O CÂNCER — Riad Naim Younes
29 A DEMOCRACIA — Renato Janine Ribeiro
30 A REPÚBLICA — Renato Janine Ribeiro
31 RACISMO NO BRASIL — Lilia Moritz Schwarcz
32 MONTAIGNE — Marcelo Coelho
33 CARLOS GOMES — Lorenzo Mammì
34 FREUD — Luiz Tenório Oliveira Lima
35 MANUEL BANDEIRA — Murilo Marcondes de Moura
36 MACUNAÍMA — Noemi Jaffe
37 O CIGARRO — Mario Cesar Carvalho
38 O ISLÃ — Paulo Daniel Farah
39 A MODA — Erika Palomino

40 ARTE BRASILEIRA HOJE — Agnaldo Farias
41 A LINGUAGEM MÉDICA — Moacyr Scliar
42 A PRISÃO — Luís Francisco Carvalho Filho
43 A HISTÓRIA DO BRASIL NO SÉCULO 20 (1900-1920) — Oscar Pilagallo
44 O MARKETING ELEITORAL — Carlos Eduardo Lins da Silva
45 O EURO — Silvia Bittencourt
46 A CULTURA DIGITAL — Rogério da Costa
47 CLARICE LISPECTOR — Yudith Rosenbaum
48 A MENOPAUSA — Silvia Campolim
49 A HISTÓRIA DO BRASIL NO SÉCULO 20 (1920-1940) — Oscar Pilagallo
50 MÚSICA POPULAR BRASILEIRA HOJE — Arthur Nestrovski (org.)
51 OS SERTÕES — Roberto Ventura
52 JOSÉ CELSO MARTINEZ CORRÊA — Aimar Labaki
53 MACHADO DE ASSIS — Alfredo Bosi
54 O DNA — Marcelo Leite
55 A HISTÓRIA DO BRASIL NO SÉCULO 20 (1940-1960) — Oscar Pilagallo
56 A ALCA — Rubens Ricupero
57 VIOLÊNCIA URBANA — Paulo Sérgio Pinheiro e Guilherme Assis de Almeida
58 ADORNO — Márcio Seligmann-Silva

59 OS CLONES — Marcia Lachtermacher-Triunfol

60 LITERATURA BRASILEIRA HOJE — Manuel da Costa Pinto

61 A HISTÓRIA DO BRASIL NO SÉCULO 20 (1960-1980) — Oscar Pilagallo

62 GRACILIANO RAMOS — Wander Melo Miranda

63 CHICO BUARQUE — Fernando de Barros e Silva

64 A OBESIDADE — Ricardo Cohen e Maria Rosária Cunha

65 A REFORMA AGRÁRIA — Eduardo Scolese

66 A ÁGUA — José Galizia Tundisi e Takako Matsumura Tundisi

67 CINEMA BRASILEIRO HOJE — Pedro Butcher

68 CAETANO VELOSO — Guilherme Wisnik

69 A HISTÓRIA DO BRASIL NO SÉCULO 20 (1980-2000) — Oscar Pilagallo

70 DORIVAL CAYMMI — Francisco Bosco

71 VINICIUS DE MORAES — Eucanaã Ferraz

72 OSCAR NIEMEYER — Ricardo Ohtake

73 LACAN — Vladimir Safatle

74 JUNG — Tito R. de A. Cavalcanti

75 O AQUECIMENTO GLOBAL — Claudio Angelo

Este livro foi composto nas fontes
Bembo e Geometr 415 e impresso em
abril de 2008 pela Gráfica Corprint,
sobre papel offset 90 g/m².